大展好書　好書大展

品嘗好書　冠群可期

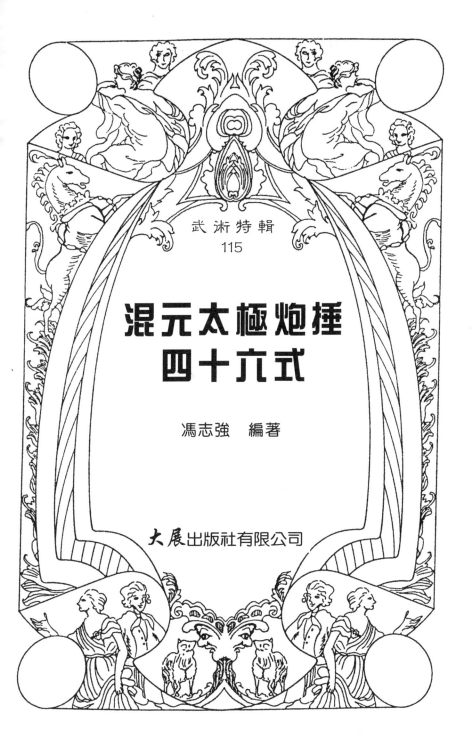

武術特輯
115

混元太極炮捶
四十六式

馮志強　編著

大展出版社有限公司

編著　馮志強

整理　馮秀芳　馮秀茜　潘厚成

執筆　潘厚成

弘揚太極，促進和諧

徐　才

　　這是我第三次爲馮老師的武作寫序了。第一次寫序是 21 年前，那時馮老師剛剛六十歲出頭，是個初壽老人，如今已過中壽，82 歲高齡的馮老師依舊傳播武術，又執筆著述，其身之健，文之勤，眞是讓人感佩。

　　記得 1992 年爲馮老師的《陳式太極拳入門》一書作序時，我熱切希望中國武術界的朋友把自己的技術、知識、經驗和體察形成文字、影像傳播於世界。馮老師的新作《混元太極拳炮捶四十六式》和他所倡辦的「國際混元太極拳交流大會」就是中國武術家面向世界所跨出的豪邁步伐。這是我國多個武術大家遍敎世界武術愛好者、傳播武術文化、造福人類的又一盛舉。

　　寫到這裏，想起十幾年前日本武術界知名學者松田隆智先生送給我的一本名爲《魂的藝術》的書，這是松田先生與 22 位國內外專家、學者、作家的對話錄，探討 21 世紀武術的走向。松田先生說，透過武術的修行，懂得「宇宙的愛」，是 21 世紀武術的發展方向。這個說法正與太極拳基於中國古典哲學天人合一

的觀念，促進人體和諧、社會和諧與自然和諧的論點相合。國外的許多太極拳愛好者不只練拳術，而且求拳理，還以拳修身，眞是難能可貴。

面對當今世界對中國武術太極拳的渴望與追求，中國武術大師們迎來了由武術太極拳傳播中國文化的好時機。祝願馮志強老師以中壽之年的智慧把太極拳這一文化瑰寶更廣更深地弘揚於世界。

前 言

　　我自幼習武，出身於武術世家，習練過少林椿功、達摩易筋經。後幾易師門，先後跟韓曉峰老師學通臂拳，隨胡耀貞老師習練心意拳，又經胡師介紹拜在陳式太極拳第九代宗師陳發科老師門下學練陳式太極拳。1950 年陳、胡二師在北京成立首都第一武術社。陳師教套路，胡師講拳理。兩位老師手把手傳功授藝五年，由於自己尊敬師長，勤學苦練，頗受二位老師的喜愛，深得二師真傳，獲益匪淺。特別是兩位老師把秘不傳人的混元功法和單操功夫傳授於我習練，受益非常之大。

　　爲弘揚國粹，造福人類，廣泛傳播太極拳功，今將混元功理和單式動作融合在精練套路動作中，創編成《混元太極炮捶四十六式》，以突出混元太極意氣遊，神形連綿似水流的練功法則，揭示纏絲混元、螺旋、滾動、天地旋轉是宇宙萬物前進動力的這一太極本象。以使廣大太極拳修練者由混元運動來增長内氣、内勁，獲得太極真髓，達到一巧破千斤之術，故編寫此書，公開秘傳，能使大眾受益，是我所盼。書中若有不妥之處，誠望各位同道不吝指教。

馮志強

目　錄

第**1**章
混元太極拳架概述

混元太極拳架是陳式心意混元太極拳的重要組成部分，與混元太極理論、混元太極內功、混元太極推手、混元太極器械一起構成了完整的修練體系。

混元太極拳架是在陳式太極拳傳統套路基礎上，依據太極陰陽哲學和混元運動力學之理，結合時代特徵要求和幾十年實踐經驗逐步演化發展的。不僅繼承了陳公發科真傳的陳式太極拳原本練法，還吸取了胡公耀貞親授的心意六合拳功練法特點，尤其是融進了纏絲混元氣圈的不傳之秘，凸顯了太極拳的混元運動本相，突出了心意用功的重要地位作用，將先天混元氣功與後天拳術外功融為一體，使無形的太極混元之氣與有形的太極渾圓之象得到真正統一，使傳統武學、哲學、醫學、氣功學、養生學與現代運動生物力學、心理學、生理學得到完美結合，內外雙修的練法更加科學合理，內外兩用的功效更為顯著全面，深受國內外廣大太極拳愛好者的喜愛。

第一節 拳架功能作用

混元太極拳架是展現混元太極風格特點的主要形式，是學研混元太極理法思想的主要途徑，是訓練混元太極體

用能力的主要平臺。

練拳之道，拳功合一，體用兼備，神氣圓滿無虧。練拳的目的，一是內以修身，二是外以制敵，也稱內外雙修，內外兩用。練拳任務主要有三條，一是練身，二是練氣，三是練用。身指手眼身步法，氣指先天混元氣，用指拳法之運用。身是拳術之基礎，氣是拳術之內勁，用是拳術之本義。拳架即身架，拳勢即氣勢，拳術即招術。因此，拳架功能作用由三部分組成，一是身法功能，二是內氣功能，三是技擊功能，三者合一方為拳術功夫。

拳架套路是一個個單式的組合，每一個單式由一個個單勢組成。因此，拳架練習既包括套路練習，又包括單式練習。套路練習又分活樁練習和定樁練習；單式練習又分單式單操和單式對練。活樁練習是按套路程式、方向、路線練習；定樁練習是站立原地按套路程式、方向練習。單式單操是一招一式地反覆操練；單式對練是雙人對練拳式動作的用法。兩者同等重要，各有側重，互為補充，相輔相成。

拳架練習方式不是單一的，同樣，拳架練習方法也不是單一的。一要因人制宜，即根據練拳者的體質、年齡、性別和目的的不同而有與之相適應的不同練法，如年老體弱者與年輕身強者、袪病保健者與練拳術功夫者的練法是不同的。二要因時制宜，即根據練拳階段和功夫層次的不同而有與之相對應的不同練法。如生太極、練太極、全太極，練精化氣、練氣化神、練神還虛，著熟、懂勁、階及神明這三個層次階段的練法是不同的。

混元太極拳的練習方法歸納起來有八步練法和十六條

練法秘訣。這種練法的多樣性和針對性，既是練拳，也是練功；既是練體，也是練用；既是練法，也是養法；既是混元太極拳的練法特點，也是太極拳的原本真傳練法，能有效地保證拳功合一的內功拳練法和體用兼備的武術本義，有效地幫助練拳者養生長功，練好功夫。

余從師學練陳式太極拳，陳公發科不僅傳授了各種練法，還先後給我改了七遍拳。練法各有功用，遍遍深入漸進，始知太極奧妙無窮，理境難盡。

拳架運動是拳法思想的體現，拳法思想是拳架運動的核心。太極拳法統稱太極十三勢，即掤、捋、擠、按、採、挒、肘、靠、進、退、顧、盼、定。前八個字是八門手法，後五個字是五行步法。由於各家太極拳對太極十三勢有各自的經驗理解和發揮，因而形成了不同的拳法風格和特點。混元太極十三勢是由一氣中正渾圓的纏絲混元圈來運動、變化、發揮的，所以混元太極拳法就是纏絲混元圈法，也稱纏絲混元十三勢拳法。

纏絲混元圈運動是前、後、左、右、上、下六個方位的立體三維空間的混合圓形運動，是人體各環節系統的自轉纏絲公轉圈運動，融合了太極陰陽哲學與混元運動力學之理法，是混元太極拳的精華核心和練法特點，是混元太極拳對太極陰陽之理、事物運動之理、營衛養生之理和十三勢體用之理的認識體悟和經驗總結。

太極拳運動是混元整體運動，在內包括精氣神、五臟六腑和經絡，在外包括身手步、筋肉骨節和五官。而纏絲混元圈運動完全符合太極拳混元整體運動之本相，完全符合先天混元太極之本相，完全符合人體經絡運行之本相，

完全符合天地萬物混元旋轉運動之本相。

混元太極拳法的作用，一是調身之法，二是行氣之法，三是技擊之法。打拳原是備身法，即由纏絲混元圈法從放鬆入手來練手眼身步法的整體統一、中正穩定、圓活靈敏，練筋肉骨節的鬆開通順、鬆柔健順、鬆活圓順，使混元太極八卦圖像與身體各個環節部位緊密結合，體象合一，渾圓一體，達到人體結構系統的最大整合力和穩定性、協調性、靈活性，具備身法功能。

行拳原是行氣功，即由纏絲混元圈法以丹田為總竅心靜用意擇中運行先天混元氣，從內動（氣順經絡運行）到外動（氣從筋肉骨運行），內外合一、上下相隨、周身一家地以氣行拳，以拳行氣，使混元太極運動本相與精神意氣形體混融相合，先天後天，混元一體，在調理陰陽中和調整臟腑機能的同時，凝聚內氣功能，錘煉剛柔彈勁，達到練精化氣、練氣化神、練神還虛的目的。

練拳原是練用法，即在上述內外兩功基礎上，由纏絲混元圈法產生的旋轉離心力和向心力，以及順逆縮放開合大小的彈性勢能，一氣中和地順勢運用拳中陰陽五行八法十三勢勁，並由練用來檢驗、瞭解和提高自己的練拳水準及體用能力，達到著熟知己、懂勁知彼、階及神明的目的。因此，混元太極拳法就是手眼身步法、以意行氣法、十三勢用法，練身、練氣、練用構成了拳架練習的完整內容，三者結合才是真正的練拳之道。

下面從練身、練氣、練用三個方面來談談混元太極拳架的功能作用和特點。

一、打拳備身法

練太極拳最重視身法外功，拳法運用全賴身法外功之助。練拳的首要任務是練身法（與練拳先練功是兩個概念），以身練拳，以拳練身，身靈活則拳靈活，身法具備則周身之勁練成一家。手眼身法步，精神意氣足；有形者為姿勢，無形者為氣功，兩者必備，否則無用。理解和掌握身法外功的意義作用和練法要求，才能練好功夫。

各家太極拳有各自的身法理解和練法特點與要求。混元太極認為，身法是拳術的基礎、行氣的基礎、用法的基礎。身法與拳法是統一的，即拳術的思想、理論、方法和意氣之勁用法都是由身法來發揮體現的。

練身之理與練拳之理是統一的，即都要符合太極陰陽學說的無極、太極、兩儀、三才、四象、五行、六合、七星、八法、九宮的體象之理，生成之理，逆運之理和順行之理，練拳須明理，理通拳法精，理通身法全。練身要求與練拳要求是統一的，即練拳練身都要從放鬆入門，整體入手，以心意為引導，以渾圓為始終，才能練好身法練好拳。所以，拳法即身法，身法即拳法；練拳即練身，練身即練拳；拳是混元拳，身是渾圓身。

這裏所說的身法是指手眼身步法的統稱，是指混元整體身法的要求。至於手、眼、身、步法四個部分的具體要求請參見本章第二節「拳架身法要求」。

混元整體身法要求歸納為五條。雖分而述之，但這五條是相互關聯、密不可分、混元統一的。

1. 一氣中正對稱

中正是身法之首要，身法中正是拳架之首要。

身法中正包括兩個層面。第一個層面是身心放鬆、心內中和的全體中正，也叫本體中正，即中和之心貫注身中的虛靈頂勁、塌腰斂臀、脊柱豎直的不離中土守丹田的身體中正；中和之心貫注臂中的沉肩墜肘、鬆腕舒指、掌心內含的肘不離中位的手臂中正；中和之心貫注腿中的坐胯圓襠、膝腳對齊、樁步沉穩的膝不離中位的腿腳中正。以中正和諧之心貫注身、臂、腿三體之中，則上自頂，下至足，四肢全體皆中正。以後天中正之體靜養先天中正之氣，則上柱天，下柱地，一氣中立不偏倚。

第二個層面是一氣均衡、陰陽中和的對稱中正，也叫運動中正。即無論陰陽動靜，虛實開合，螺旋屈伸，順逆轉圈，前與後、左與右、上與下六個方位都要勢勢均衡，處處對稱，擇中運動，致中達和，做到不前不後，不左不右，不偏不倚，不多不少，上虛下實，無過不及，陰陽各半，調和相當，恰到好處，圓滿中正。

因此，每次練拳開始包括練功，先要意想身心是否中正再開拳，然後邊開拳邊自問每一動是否符合上述中正要求。行功日久，養成中正習慣，練好中正功夫。

從太極陰陽哲學來說，太極是先天一氣，即先天渾然一氣，也叫混元一氣；太極是中和之道，即中正和諧之道，也叫中庸之道。道即氣，氣即道，道氣合一。先天者，太極之一氣；後天者，兩儀之陰陽。太極者，中正之一氣；陰陽者，太極之兩儀。中正即太極，對稱即陰陽，

中正存於對稱之中，先天藏於後天之中。太極包括陰陽兩
儀，沒有對稱便無中正，失卻中正便不是太極。

　　從混元運動力學來說，一氣是渾圓的本然之體，中正
是渾圓的圓心中線，對稱是渾圓的陰陽半徑，一氣中正渾
圓構成了前後、左右、上下、內外立體三維空間的混合
圓。以中正之心行中正之氣，以中正之氣行中正之身，以
中正之身行中正之拳，以中正之拳行中正之勁。式式中正
穩定，處處中和渾圓，就能不頂不丟不受力，不為人所
知，不為人所制。

2. 三節對準貫通

　　三節指人體主要關節部位和運動環節，是拳架身法的
基本架構。人體有上、中、下和梢、中、根三節之分。
身、手（臂）、步（腿）是總三節；三節之中又有三節，
謂分三節；三三共九節。練拳就是要將這三節貫通，合而
為一，即一氣貫通三節，三節相合一氣。一般練太極拳都
知道要節節貫通、內外三合，殊不知要內外三合先要貫通
三節，要三節貫通先要三節對準，三節對準是貫通三節、
內外三合的基礎，是周身之勁練成一家的前提，即骨節要
對，不對則無力，不對則不通，不對則不合。

　　三節對準貫通包括兩個層面。第一個層面是三節對
準，先要使分三節鬆順對準，即身三節的頭、胸、下丹田
對準（也叫頸椎、胸椎、腰椎對準），臂三節的肩、肘、
手對準，腿三節的胯、膝、腳對準。再使總三節鬆順對
準，即肩與胯對準，肘與膝對準，手與腳對準，此謂上下
肢三節對準；頭與手對準，手與身對準，身與步對準，此

謂上中下三體對準。因此練拳時，先要意想三節如何對準
運動，再自問三節是否已經對準，並逐漸養成習慣，使功
夫上身，不思而三節自然對準。

第二個層面是三節貫通，全身骨節鬆順對準了，就能
為一氣貫通三節打好生理基礎並成為可能，即在三節對準
的基礎上，採用循竅行氣法來一氣貫通三節，內外相合一
氣。先循臂三節之竅節節鬆開貫通，再循腿三節之竅節節
鬆開貫通，然後再自上而下地將臂三節竅和腿三節竅上下
相隨合起來一起鬆沉貫通。全身各節鬆沉貫通合而為一
了，再進一步就可採用九竅合一法以心意支配六合，以六
合貫通心意，練成周身一家功夫。

從太極陰陽哲學來說，道生一（太極），一生二（陰
陽），二生三（陰陽交合），三生萬物。一而三，三而
一。一是混元之體，三是分靈之謂。在外是梢、中、根三
節合一，身、手、步三體合一，在內是上、中、下三丹合
一，精、氣、神三元合一，內外三才合一後，以一運行陰
陽五行八法則拳道成。從混元運動力學來說，就能形成人
體骨骼系統的最大整合力，合則勁整成一家；同時又能使
肌膚筋韌盡可能地得到放鬆，鬆則氣通無阻力。

3. 腰領四肢齊動

腰是人體上下運動之樞紐，腰是拳術運動之主宰。人
體結構系統與太極陰陽八卦圖像相吻合。腰身與四肢的關
係，從太極陰陽哲學的體象之理來說，是太極腰、兩儀
腎、四象肩胯（四象四肢）、八卦臂腿（兩臂兩腿各兩節
共八段）。腰是兩腎之本位，兩腎屬水，是先天之根本；

兩腎之間有命門，命門屬火，藏先天之真陽；命門與臍腹之中間是丹田，丹田屬土，是先天元氣之舍。兩腎命門與臍內丹田同是先天之本源，同為太極之所關，同位人體之正中，因其位象極，所以稱太極腰。因此，練太極拳每一動都要以腰為主宰，以腰領四肢。

腰不動則全體不動（無極象），腰一動（太極象）兩腎轉換虛實調陰陽（兩儀象）領四肢上下齊動（四象）屈伸開合纏絲轉圈（八卦成象），先天後天渾然一體、有形無形混合一圓（混元本象）。所以練拳時，根據拳中之圖像，先要意想如何腰領四肢動，再自問四肢是否從腰動，並養成習慣，凡動必先動腰，腰領四肢，一動全動。練達以身領手的周身一家功夫後，再練炮捶的以手領身的周身一家功夫。從混元運動力學來說，就能發揮整體做功能力，產生中正穩定的旋轉開合離心力和向心力，轉引落空或發放對方。

4. 五行和合分明

五行者，水、火、金、木、土，進、退、顧、盼、定。內對五臟腎、心、肺、肝、脾，外應五官耳、舌、鼻、眼、口。水、火、金、木、土指五行屬性。進、退、顧、盼、定指五行步法，與掤、捋、擠、按、採、挒、肘、靠八門手法合成太極十三勢。五行是八法的基礎，八法由五行而運用。五行是意氣身步的整體五行，並有活步五行和定步五行之分。五行運動必須和合分明。和合指不偏不倚，無過不及，陰陽相當，從容中道；分明指陰陽分明，起落有位，虛實分明，氣沉湧泉。

五行和合分明包括三個層面。第一個層面是五行五步，中正穩定。進者前進，即由後向前進步進身，前進要到位，進而至中正，穩定不前傾，虛實分清，氣沉湧泉，瞻前顧後，有前有後。退者後退，即由前向後退步退身，後退要到位，退而至中正，穩定不後仰，虛實分清，氣沉湧泉，退顧身前，有後有前。顧者左顧，即由右轉身左顧，左顧要到位，顧而至中正，穩定不偏倚，左顧兼右盼，虛實分清楚，落氣到湧泉。盼者右盼，即由左轉身右盼，右盼要到位，盼而至中正，穩定不歪斜，右盼兼左顧，虛實分清楚，落氣到湧泉。定者中定，即定勢在原地的中正穩定不搖晃，身不離中土丹田，步自有虛實定位，前後左右陰陽中和，進退顧盼虛實中定。

第二個層面是五行和合，水火既濟。五行能否和合，其握要者在於水與火，若能腎起心落，水升火降，使神向下走，精向上行，意達湧泉，引火歸源，心腎相交，水火既濟，上虛下實，陰陽中和，就能中而統四方，和而運五行，心膽氣穩定，則五行和合。

第三個層面是五臟五官，內外合一。即心與耳合多一靈（耳通腎屬水），心與舌合多一精（舌通心屬火），心與鼻合多一力（鼻通肺屬金），心與眼合多一明（眼通肝屬木），心與口合多一吻（口通脾屬土），心與意合多一藝，心與氣合多一攻。

從太極陰陽哲學來說，五行之所以行於拳中而為用，在於陰陽對待運行之理。陰陽是五行的基礎，五行由陰陽而運。前、後、左、右、中為陰陽之對待，進、退、顧、盼、定為陰陽之運行。對待非運行不能變化，運行非對待

不能自行。從混元運動力學來說，就能步運太極，上下相隨妙無窮；步分陰陽，虛實轉換樁步穩；步行五行，閃展騰挪引落空；步運八法，勁始足底發於根。

5. 周身六合渾圓

六合指東南西北和天地，前後左右和上下，肩胯肘膝和手足，內外三體和三丹，手足三陰和三陽。太極拳是混元整體運動，混元整體運動的基礎是周身六合渾圓和方位六合中正。

周身六合渾圓有兩個層面，第一個層面是在鬆沉基礎上的周身六合，包括兩個方面：一是心意六合的內三合與外三合。內三合是心與意合，意與氣合，氣與力合；外三合是肩與胯合，肘與膝合，手與腳合。二是頭與手合，手與身合，身與步合的三體相合。周身六合各有竅位，即身之三竅、臂之三竅、腿之三竅，三三共九竅，九竅合一而周身六合。

第二個層面是六合渾圓，這是混元太極的要求和特點。即周身六合以後，經過一段時期混合圓成的修練，使臂圓、襠圓、腰背圓的有形外三圓與意圓、氣圓、精神圓的無形內三圓混合成圓，此謂本體渾圓，以及拳中各運動環節向心力的開中圓合、合中圓開的混合成圓，此謂運動渾圓，達到周身六合渾圓。再結合前與後、左與右、上與下的方位六合中正，從而練成一氣中正的渾圓運動渾圓體。

從太極陰陽哲學來說，太極是圓成之物，即先天與後天混合的圓，有形與無形混合的圓，陰儀與陽儀混合的

圓，精神與物質混合的圓，內部與外部混合的圓，局部與整體混合的圓。內三合的實質是上、中、下三丹混合和精、氣、神三元混合（心與意合，心、意、神三者是一體；意與氣合，氣即先天混元氣；氣與力合，力本於骨，骨本於髓，髓本於精）；外三合的實質是梢、中、根三節混合和身、手、步三體混合。內外三合結合方位六合而整體混合成圓，即意渾圓、氣渾圓、身渾圓（身手步渾圓），整體混合一圓，內外混合一氣，一氣彌六合，六合歸一氣。從混元運動力學來說，太極拳運動是人體各個部分有機聯繫的整體統一的混合圓形運動，這種相互聯繫的關係，是以心意為統帥，以丹田為中心，以混元（渾圓）為根本，以五臟為基礎，以節竅為聯絡，由骨骼系統和經絡系統的作用來實現的。

練到整體六合渾圓就構成內外合一、上下相隨、周身一家、混元一體的整體系統，就能以整體渾圓之意運行整體渾圓之氣，以整體渾圓之氣貫通整體渾圓之身，以整體渾圓之身運動整體渾圓之拳（圈），以整體渾圓之拳（圈）發動整體渾圓之勁。

二、行拳行氣功

練太極拳全在乎丹田內功，以丹田之氣發動肢體運動。「靜者為道（練氣功的方法），動者為拳（以氣發動拳術）」「靜為本體，動為作用」「心靜者養氣，心動者敵將」，說明太極拳是從靜功發展而來的氣功拳術，練太極拳應以氣練拳，以拳練氣，而不是單純的以拳練拳。「若問太極何為準，意氣君來骨肉臣」，說明太極拳運動

是以意行氣運動，以意行氣運動是太極拳的行功準則。這裏有兩條，一是以意行氣的基礎，二是以意行氣的方法。

　　以意行氣的基礎是練好太極拳的首要問題。混元太極認為，練太極拳須在混元太極內功基礎上，練好先天混元氣並初步具備拳架身法功能，再放鬆入門練太極，意氣混元行太極，即練拳先練功，先生太極再練太極。因此，要先專練一個時期的混元太極內功，重點是混元太極內功的第一部功法《站樁功》中的無極樁和混元樁，把先天混元氣和身法樁功練好。有了先天混元氣內功和渾圓身法外功，才能內外合一地以意行氣運身，拳功合一地練拳練氣練勁。不練好先天混元氣，單憑後天之氣和體力是不能練好太極拳的。

　　以意行氣的方法是太極拳的練氣練勁方法，是練好太極拳的核心問題。如何以意行氣？各家太極拳有各自的經驗、方法和特點，一般不輕易外傳，只是籠統地稱之為以意行氣。混元太極認為，以意行氣方法有層次火候，修練太極拳要知先後順序，不同的練拳階段有不同的行氣要求，不同階段的行氣要求有不同的行氣方法。「物有本末，事有終始，知所先後，則近道也」。

　　混元太極的八步練法和十六條練法秘訣，既是練拳的方法，也是練氣的方法。依時依法修練，可使練拳者循序漸進地一步步提高功夫層次，由鬆入柔，積柔成剛，剛柔相濟；練精化氣，練氣化神，練神還虛。這是混元太極拳的練法經驗和特點，也是太極拳的原本真傳練法。

　　混元太極拳的以意行氣法總稱以意纏絲混元氣圈法，內容包括擇中行氣法、循竅行氣法、按竅運氣法、開合運

氣法、提降運氣法、纏絲行氣法、斂神聚氣法、伸縮運氣法、抓閉運氣法、虛無行氣法、一粒混元法等。理解並掌握不同階段的以意行氣方法，才能練好功夫練好拳。這裏簡要介紹三種行氣法：

1. 循竅行氣法

即以意循竅行氣。練太極拳不僅要知道人體三節，還要知道這三節之竅。三節之竅既是關節之竅，也是經絡之竅，是行氣、通氣、練氣的竅門。

纏絲混元氣圈與人體三節竅位的循環流注相吻合。循竅行氣法就是以意引氣，循竅行氣，依次通達身、手、步相關各節竅位，意到氣到，入於節竅，骨節鬆開，筋肉離骨，氣通無阻，節節貫穿，周流全身。上丹田主手法，中丹田主身法，下丹田主步法。要善於選擇重點，先通分三節，再通總三節。如此反覆傳運，功久身、手、步三體與梢、中、根三節形成氣行無阻的暢通通道，越練氣越足，越練勁越沉，混化錘煉一氣貫通三節的螺旋勁。

2. 按竅運氣法

即以意按竅運氣。練太極拳不僅要知道太極十三勢的含義，還要知道太極十三勢的練法。太極十三勢其實是十三種方法，即在體是十三種以意練氣練勁的方法，在用是十三種以意用氣用勁的方法。顯於外是有形的十三勢之象，隱於內是無形的十三勢之勁。

太極五行八卦十三勢分佈在體內，分別與人體臟腑經絡相對應，並各有所屬竅位。

十三勢竅位是練拳練氣練勁之法門。纏絲混元氣圈與十三勢竅位運行相匹配。按竅運氣法就是根據拳中纏絲混元圈的十三勢運動，分別以意引氣，從所屬竅位出發，由內而外地運達相關部位，內外合一地運動五行八法，意到、氣到、十三勢勁自然就到。如此反覆運行，功久十三勢意氣勁與十三勢形象法渾然一體，越練勁越大，混化錘煉一氣沉著通順的十三勢勁。

3. 纏絲行氣法

即以意纏絲行氣。練太極拳不僅要知道人體各環節的自轉纏絲運動，還要知道整體系統的公轉混元運動，即自轉纏絲公轉圈的纏絲混元圈運動。纏絲混元氣圈與人體經絡系統的奇經八脈十二經的走向位置和交接規律相統一。其特點是，以意纏絲行氣轉圈的同時就能達到氣通全身經絡的目的。

如，繞丹田中心橫向軸轉動的縱立圈是氣通前胸後背任督兩脈；繞丹田中心縱向軸轉動的橫立圈是氣通兩肋沖脈；繞丹田中心垂直軸轉動的水平圈是氣通腰腹帶脈，並同時升降循環陰陽蹻維和纏絲通行手足三陰三陽經。當練到丹田氣充盈滿足和拳中纏絲混元圈熟練已極，只要聚精會神內想各圈圖像，意即領氣由內而外地纏絲轉圈轉氣，氣通經絡，運行周身。

如此反覆運轉，功久可達陰陽循環，打通大、小周天，周身一家，混元一圈，越練越圓活，混化錘煉一氣混元的纏絲勁。

三、練拳練用法

練太極拳最注重體用結合，體用兼備是太極拳的武術本義。練拳不練用法，就不能真正明白太極理法。打拳不會打法，就不能真正練好太極功夫。練拳不練功，到老一場空；練拳不懂養，一輩子功不長；練拳不會用，終是空把式；會練會養會用，才能走向成功。所以練太極拳要明白以用練拳，以拳練用，懂得怎麼練，怎麼用，掌握練法、用法、研究法三法合一。

拳法運用是複雜的活體系統運動，涉及大腦思想、神經中樞、感覺神經、心理素質、生理結構、臟腑功能、經絡氣血、體能功力、生物力學、整體協調、平衡能力、時間空間、訓練水準、技術品質、經驗智慧等諸多方面。

混元太極用法就是纏絲混元圈用法。纏絲混元圈用法是太極陰陽哲學之理與混元運動力學原理相結合的經過實踐總結的科學、合理、有效的技擊用法。其特點是由內外合一、上下相隨、周身一家、混元一體的不同方向轉動的纏絲混元圈產生的離心力和向心力，來運用五行八法十三勢化、引、拿、發對方，達到四兩撥千斤的技擊效果。混元太極拳架的每一式、每一動、每一圈，包括定勢、過渡勢都是技擊用法。妙手一動一太極，妙手一轉一陰陽，妙手一圈一混元，這是混元太極拳的用法特點，也是太極拳的原本真傳用法。太極拳運用是以意氣之勁為本體的勁貫著中用法，所以太極拳用法也稱用勁法。

用法的含義，一指用法本身，即拳中每一式、每一動、每一圈的五行八法十三勢勁法；二指用法之法，即運

用的方法，如沾黏連隨法、陰陽折疊法、順勢借力法、引進落空法、纏絲亂環法、虛實互變法、橫豎相生法、腿手並用法、閃戰騰挪法、屈伸縱放法、驚炸崩彈法等。

運用時要以鬆靜中和為原則，即鬆接靜聽，不頂不丟，不多不少，致中達和；以從人順勢為法則，即捨己從人，從人由己，順勢借力，順勢而為；以沾黏連隨為要求，即用意沾附，黏連一體，屈伸相隨，快慢相隨；以鬆引轉換為契機，即順勢鬆引，引中蓄勁，折疊轉換，返還彼身；以引進落空為前提，即接中化，化中引，引動彼根，引進落空；以剛柔兼用為特徵，即柔過勁，剛落點，能柔能剛，剛柔兩用。練用法不僅要知道怎樣用，還要明白為什麼要這樣用，即不僅要知其然，還要知其所以然，才能練好用法練好拳。這裏簡要介紹兩種用法：

1. 沾黏連隨法

混元太極的沾黏連隨法也稱纏絲沾黏連隨勁，簡稱纏黏勁，是練氣功有了功夫產生的一種生物磁能。

其義：沾是沾附，黏是黏合，連是相連一體，隨是聽隨人動，一氣渾然中伏，陰陽不為人知。

其理：就是太極陰陽哲學的中庸和諧、互為一體的思想和混元運動力學的靜、動摩擦力原理。

其法：就是以不頂不丟、不多不少、不輕不重、不即不離、不先不後的意氣中和的纏絲磁能黏勁，由接觸面如膠似漆地與對方沾附黏合連成一體，靜聽彼動，緩應急隨，屈伸相就，在所受外力為零（靜摩擦力）的同時使對方黏走不脫。並根據對方變化，恰到好處地調節纏絲磁能

黏度或纏絲摩擦力強度或纏絲接觸面大小（動摩擦力），在纏絲轉圈改變外力方向的同時使對方處於背勢，從而達到以靜制動、以黏制彼的目的。無論拳架用法還是推手用法，沾黏連隨法既是接手第一法，也是主要勁法。

練拳練用練推手的首要任務就是練沾黏連隨，不用力、不受力、不頂力、不丟力，與對方沾黏連隨在一起。因此，平時練拳練用，要掌握沾黏連隨方法，符合沾黏連隨要求，養成沾黏連隨習慣，練好沾黏連隨功夫。

2. 陰陽折疊法

混元太極的陰陽折疊法也叫陰陽折疊勁或折疊纏繞勁，體現了太極陰陽哲學的一氣陰陽之理和混元運動力學的慣性原理、平衡原理。

一氣陰陽之理是太極拳體用第一義，是五行八法運用之基礎。拳中每一動、每一圈用法都是太極一氣與陰陽兩儀的對立統一，都是陰陽互為其根、折疊轉換的結果。

陰陽折疊包括開合、順逆、屈伸、上下、前後、左右等折疊。其含義是欲陽先陰，由陰轉陽；欲陰先陽，由陽轉陰；陰陽互濟，互為其根。陰陽折疊理法在混元太極拳架中運用的最為充分，並成為混元太極拳架練法的一個顯著特點，即處處有陰陽折疊，圈圈有陰陽折疊。如拳中每一動、每一圈開始都要先向它的反面鬆引一下，再折疊轉向運動；或每一動、每一圈完了都要引氣鬆回丹田，再折疊轉換下一勢，並以順勢鬆引作為陰陽折疊轉換之契機。其作用一是積蓄氣能動力，二是引進落空對方，三是調理陰陽中和，對武術運用和保健養生兩方面都有很大幫助。

練拳是這樣，練用也是這樣：先順對方來勢方向沾黏連隨鬆引一下（此為欲陽先陰），使對方由於慣性作用而落空失重，同時引中蓄己勁（此為陰中有陽），一聽得對方落空失重之機和反向找平衡的慣性之勢，即順勢折疊轉換方向返還彼身，將對方鬆放出去（此為由陰轉陽）。

此外，還要掌握兩點：一是折中而疊，即陰陽折疊不離中，引而至中正，折中換陰陽，無過無不及；二是圓活折疊，即陰陽折疊不離圓，轉關之處要圓活，轉彎之時要圓和，連綿不斷，不急不滯。因此，平時練拳練用，要一招一式地練，靜心體悟陰陽折疊之理法，練熟折疊法；一動一圈地練，細心留意折疊轉關之消息，練懂折疊勁。掌握折疊方法，符合折疊要求，養成折疊習慣，練好折疊功夫。

第二節　拳架身法要求

要達到混元整體身法要求，就要理解和掌握手法、眼法、身法、步法四個部分的具體練法要求。混元整體身法與手法、眼法、身法、步法的關係，從混元整體觀來說，是整體與局部的關係。整體是由各個部分有序的內在聯繫混元而成，離開了局部，整體就不復存在了。

整體對局部起支配、統帥和決定作用，協調各局部朝著混元統一方向運動發展。局部的變化又會反過來影響整體混元運動。兩者相互依存，相互影響，相互作用，混元統一。而手法、眼法、身法、步法四個部分雖各有司職，各有作用，各有要求，但四者之間也是相互聯繫、相互制

約、相輔相成、混元統一的。因此，要用混元整體觀來認識、理解和練好手眼身步法。

一、身　法

拳術運用以身法為主體。身法，一指身法運用變化；二指身法運動要求。這裏所說的身法是指身法（身軀）運動要求。混元太極身法要求有四條：一要身中正，二要身靈活，三要身纏繞，四要身似弓。

1. 身中正

身中正是身法第一要義。中正練為養，養氣養生，功夫上身。身中正則四肢全體皆中正；身中正宜養至中至正浩然之氣；身中正能制人而不受制於人。具體練法要求如下：

（1）虛靈頂勁與意守丹田相結合的上下中正

虛靈指大腦虛靜、身心靈敏，便於神氣貫通，隨時準備發動；頂勁是自然的頭端正、神貫頂，不使身體前俯後仰、左右歪斜。結合意守丹田和氣沉湧泉，中正之心貫通上下，上虛靈而下沉實，好像頭頂於天而足塌於地，則上下中正不偏倚。

（2）塌腰斂臀與胸空腹實相結合的前後中正

腰是身之中節，腰有中定之位。在不離中土守丹田的同時，用意引導腰部放鬆下塌，臀部收斂，尾閭中正，命門鬆開，氣貼脊背，使中氣循督上升至囟宮。結合胸部放鬆虛空，使心氣順任下降至丹田，離中虛而坎中滿，上身虛而下身實，後面升而前面降，中正之心權衡前後，有前有後，前後對稱，則前後中正不偏倚。

（3）脊柱豎直與肩胯平準相結合的左右中正

用意引導脊柱骨節放鬆豎直、節節對準，使中氣貫穿脊骨之中。結合兩肩、兩胯骨節放鬆鬆開的上下對準、左右平準和兩肩井、兩環跳、兩湧泉垂直貫通，中正之心維繫左右，有左有右，左右對稱，則左右中正不偏倚。

如此上下、前後、左右三方面的一氣中正不偏倚，似任何力量也不能動搖。因此，無論練拳練功還是練用，無論是動還是靜，甚至包括平時，都要掌握中正方法，符合中正要求，養成中正習慣，練好中正功夫，即中正功夫上身。

2. 身靈活

身靈活則四肢全體皆靈活，進退自如，運化從心，騰挪閃展；身滯板則進退顧盼不能自如。具體練法要求如下：

（1）腰身放鬆

腰為一身之主，腰靈活則身法靈活。而腰身能否靈活，首先取決於腰部能否放鬆。因此，先要用意使腰部放鬆，即鬆腰下塌，命門鬆開，不緊張、不受力。腰是貫通上下之樞紐，腰部放鬆則丹田之氣呼吸出入命門，貫通上下，周流全身；鬆腰下塌又可使腰勁下貫足底，周身之勁練成一家。

（2）腰身圓活

用圓活之意調濟圓活之腰，即腰身圓陀陀、活潑潑以像太極圓。腰是身、手、步整體運動之中軸，鬆腰圓活則圓轉自如，轉腰轉太極，領四肢上下齊動，周身一家，練成整體勁，而又圓活旋抖，氣出丹田，上下九節勁，節節

腰中發。轉腰轉兩腎，活腰壯腎，腎氣圓滿，心腎相交，陰陽相濟；而又化引來勢，增加穩定角；轉腰轉帶脈，轉引落空，增加旋轉離心力。

（3）腰身虛靈

以虛靈之心注於腰間，即心虛靈，腰虛靈，身虛靈。身虛靈既是混元太極心虛、身虛、手腳虛的練法要求之一，也是整體內外達到虛靈地位的功夫反映。

虛者無所不容，靈者無所不應。腰是一身太極之所在、陰陽虛實之總舵，鬆腰圓活虛靈則哼哈二氣妙無窮，左右兩腎轉換靈，虛實清楚，上下皆靈，而又陰陽內換，虛實靈變，人不得知。

3. 身纏繞

身法中正不是呆板僵直，渾身俱纏不單手足纏絲。身軀纏絲是四肢全體纏絲之本體，因此要由練功（纏絲功）練拳，使身軀的胸、腹、背、腰、臀各環節都能以中丹田為中心，以中氣線為中軸，隨心意中正圓活纏繞，並帶動四肢圓活纏繞，從而形成整體混元纏繞。能如此才是真正的身法中正靈活，周身一家纏繞。

4. 身似弓

身弓是一身備五弓的主要弓；身弓是發揮剛柔彈簧內勁的生理基礎。具體要求如下：

（1）腰背要圓

腰背圓既是混元太極的臂圓、襠圓、腰背圓三體渾圓的身法要求之一，也是形成身弓彈性的前提條件。平時練

拳練用，要胸空腹實，塌腰斂臀，用意使腰、背保持一定弧度（不是駝背拱腰），不可挺直，並養成習慣，以命門為弓把，以意氣之勁為弓弦，身似弓，勁似弦，積蓄彈性勢能。

（2）胸腹開合

胸腹開合折疊既是混元太極的身法特點和要求，也是發動身弓彈性的基本條件。同中正不是呆板僵直一樣，身弓也不是固定不動的，須隨內在意氣的開合運化而變化，即胸腹腰背開合折疊，丹田命門開合鼓蕩，無形的內開合與有形的外開合混合一體，前合後開，前開後合，前後都是弓，內外都是弦，前後都是圓，各部位都是彈性體，都能發出彈靠勁。

二、手　法

拳術運用以手法為先鋒。手法，一指八門手法；二指運用八法的手型、手法（包括拳法、掌法、指法）；三指手法運動要求。這裏所說的手法是指手法運動要求。混元太極的手法要求有四條：一要臂鬆沉，二要手鬆虛，三要手纏絲，四要臂似弓。

1. 臂鬆沉

臂鬆沉則可以沉制彼勁，使其不得活變，而又轉關靈活，內勁沉著通靈。臂鬆沉主要是由長期以意引氣、沉肩墜肘來實現的。一般練太極的人，最易犯聳肩抬肘的毛病。沉肩也叫垂肩，即兩肩骨節用意放鬆鬆開向下沉垂；墜肘也叫沉肘，即兩肘骨節用意放鬆鬆開向下沉墜。

同時由於以意想竅引氣下沉的練法特點和作用，使氣

注入肩井、曲池，並一起直下兩腳湧泉，骨節即可鬆開，肩自下沉，肘自下墜。久之斂氣入骨，臂骨沉重，積氣儲勁，內勁沉重，胳膊如棉裏鐵，外柔內剛，而達沉肩墜肘臂鬆沉。同時又由於向腳底湧泉沉氣蓄勁的作用，有助上下隨合，周身六合，整體合勁，又可避免聳肩抬肘的毛病，防止重心上移氣上浮，不受制於人。所以，沉肩墜肘是手法第一要義，其意義作用是非常重要的。因此，無論練拳練功還是練用，無論是動還是靜，無論手之上下、前後、左右運動，還是纏絲轉圈運動（除用肘法外），甚至包括平時，都要掌握沉肩墜肘方法，符合沉肩墜肘要求，養成沉肩墜肘習慣，練好沉肩墜肘功夫，即鬆沉功夫上身。即使手臂鬆垂手在下，或是向下按掌手在下，也要沉肩墜肘，做到手臂垂而不直，伸而不直，肘尖始終要有垂直向下放鬆沉墜之意。

另外，肘是臂之中節，肘有中定之位，無論動靜開合，都要沉肩墜肘，肘不離位；無論纏絲轉圈，都要沉肩墜肘，以肘為軸。而且，肘中節還要用意與腰中節相聯合、與膝中節相隨合，即身、手、步的三個中節要合一，這也是保證身法中正中定和混元整體合勁的要素之一。

2. 手鬆虛

手鬆虛則人不知我，我獨知人，而又虛靈內含，隨機應對。手鬆虛是混元太極手法的特點之一，與臂鬆沉一起構成了手臂陰陽兩儀的柔與剛。手鬆虛既是混元太極心虛、身虛、手腳虛的練法要求之一，也是功夫達到虛靈混元地位的反映，即鬆靜虛無，練神還虛，虛至虛靈。對手

而言，手鬆虛是指手的陰陽未分，虛靜無物，一氣中伏，虛靈內含。陰陽雖未分，而分之機已動；動靜雖未生，而一點靈犀含於中。

手是臂之梢節，手鬆虛主要是由長期以意引氣鬆腕舒指來實現的，即兩臂肩、肘、手三節用意節節放鬆鬆開對準，中氣貫通乾三連，兩手綿綿不用力，鬆腕舒指手虛籠（在拳是虛握拳，拳心虛含氣貫拳）。

同時由於心靜用意想竅貫氣的練法特點和作用，使氣注勞宮，貫達指梢，促進毛細血管開放數增多，營養神經末梢，改善微循環系統，而又神氣相通，內通五臟，外應五官，增加內體感覺和觸覺的靈敏度。久之兩手極虛極靈，物挨即知不受力，虛實靈變人莫知，陰陽騰挪引落空，八法從心順勢用。因此，無論練拳練功練用還是平時，都要養成心靜用意的鬆腕舒指習慣，兩手綿綿，沒有拙力，虛靈內含，不使心勁。養成以虛接手習慣，不碰力，不受力，避實走虛，虛而聽化，化而虛空，空而虛靈，並因勢、因時地由意氣弛張變化的鬆腕坐腕來變換虛實陰陽，即一身有一身虛實陰陽，一手有一手虛實陰陽。鬆腕為虛，虛有騰挪之勢；坐腕為實，實有吐勁之意。實而虛為引，引而使落空；虛而實為發，發而落點對。結合心虛、神虛、身虛、手虛、腳虛，逐漸練好鬆虛功夫，即鬆虛功夫上身。

3. 手纏絲

混元太極手法的虛實陰陽變化是以內外合一、上下相隨、周身一家纏絲為本體，由意氣手臂的自轉纏絲公轉圈

的纏絲混元圈實現的。一動一纏絲，順逆纏絲，虛實互
變；一動一混元，混元轉圈，陰陽互濟。意氣纏絲旋繞運
行於筋肉骨節之中，內在纏絲之中氣與外在纏絲之圓形混
融相合，久之先天精氣神與後天筋骨肉纏繞混化而成纏絲
彈簧勁。這既是混元太極手法的特點，也是錘煉纏絲彈簧
勁的方法。因此平時練拳練用，要掌握纏絲轉圈方法，即
凝神靜氣地用以意纏絲行氣法來旋腕轉臂，順逆纏絲，混
元轉圈。符合纏絲轉圈要求，即致中達和地一氣圓活纏
絲，擇中而纏，纏不離中，沉肩墜肘，以肘為軸，圓活圓
滿圓到位，三節對準螺旋勁，一氣纏絲通三節，不可聳肩
抬肘偏離圓心中軸纏絲轉圈。

養成纏絲轉圈習慣，即不動不纏，一動即纏分陰陽，
不可直來直去無纏絲。練好纏絲轉圈功夫，即不觸不纏，
一觸即纏引落空，妙手一轉一太極。

4. 臂似弓

兩臂是兩張弓。臂弓同樣是發揮剛柔彈簧內勁的生理
基礎。若要臂似弓，先要使臂圓。臂圓既是混元太極的臂
圓、襠圓、腰背圓三體渾圓的身法要求之一，也是形成臂
弓彈性的前提條件。因此平時練拳練用，要在沉肩墜肘的
基礎上，用意使手臂保持一定弧度（用肘法除外），即伸
而不直，垂而不直，並養成習慣，以肘為弓把，以意氣之
勁為弓弦，積蓄彈性勢能。

除了臂要圓，還要有屈伸，陰陽屈伸開合是發動臂弓
彈性的基本條件。臂弓不是固定不變的，須隨內在意氣之
勁的屈伸變化而變化，因此既要伸而不直，又要屈而有

餘，手臂各環節都要留有屈伸變化之餘地，才能一氣屈伸
開合，釋放臂弓彈能，縱放屈伸，見手分離。

三、步　法

拳術運用以步法為根基。步法，一指五行步法；二指
運用五行步的步型、步法；三指步法運動要求。這裏所說
的步法是指步法運動要求。混元太極步法要求有四條：一
要樁步穩，二要步靈活，三要腿纏絲，四要腿似弓。

1. 樁步穩

樁步穩固是步法的第一要義。太極拳是氣功樁拳，也
叫活步樁功拳。步是一身之根基，運動之樞紐。練拳似站
樁，就是要穩固樁功築根基。樁步穩固，則周身穩固；樁
步不穩，必遭顛覆。具體要求如下：

（1）坐胯圓襠

若要樁步沉穩，先要坐胯圓襠。坐胯圓襠又稱開胯圓
襠或開襠圓胯。坐胯是兩腿胯關節用意放鬆鬆開微下坐，
同時由坐胯達到自然屈膝（不可先屈膝），並與塌腰斂臀
相配合，所以也叫塌腰斂臀坐胯，或坐臀坐胯坐丹田。圓
襠是在坐胯的同時用意使大腿根部內側即襠部虛虛圓開，
並與會陰微微內吸相配合，以防會陰跑氣，同時又要注意
不可使兩膝外撐、兩腳內翻。胯要坐，坐則沉（降低重
心）；襠要圓，圓則穩（增加穩定角）；胯要鬆，鬆則
活；襠要虛，虛則靈。能坐胯圓襠，就能沉穩靈活。

一般練太極的人，易犯尖襠或蕩襠的毛病。尖襠者，
沒有坐胯，樁步不穩重心高；蕩襠者，屈蹲太低，靈活不

夠易跑氣。襠要圓既是混元太極的臂圓、襠圓、腰背圓三體渾圓的身法要求之一，也是穩固樁功的築基練法要求。圓襠步是混元太極步法的特點之一，拳中步法都是圓襠步，大是大的圓襠步，小是小的圓襠步。因此，無論練拳、練功還是練用，無論是動還是靜，無論定樁還是活樁，甚至包括平時，都要掌握坐胯圓襠方法，符合坐胯圓襠要求，養成坐胯圓襠習慣，練好坐胯圓襠功夫。

（2）膝腳對齊

其次，無論架勢高低，無論何種步法，無論實腿虛腿，腿三節總要用意節節放鬆對準，膝與腳總要用意垂直對齊。對則腿骨有力，平穩踏地，沉著靈敏。

膝腳能否對齊，首先與坐胯圓襠相關聯，能坐胯圓襠就能膝腳對齊，膝腳沒有對齊則說明沒有坐胯圓襠。其次與膝是否中定有關係。膝是腿之中節，膝有中定之位，不偏倚、不動搖、不萎軟，則膝腳對齊，腿有中定。膝能中定，則膝不過腳尖，結合塌腰斂臀的臀不露踵，既利於中氣貫通腿三節，腰勁下貫到足底，又可避免膝關節受力疲勞。若膝過腳尖，不僅勁斷氣阻失中正，久之疼痛受損膝自傷。

（3）氣沉足底

在用意坐胯圓襠、膝腳對齊的調整腿骨結構基礎的同時，由於以意循竅降氣引導腿三節放鬆鬆開的節節貫通坤六斷作用，周身之氣就能自上而下地順腿沉達腳底湧泉，久之樁步與大地自然吸合，進而植根地中，則樁步沉著中定穩固而不可動搖。坐胯圓襠，膝腳對齊，氣沉足底，構成了樁步穩固的三個要素，三者缺一不可。

2. 步靈活

拳術運用上雖憑手，下尤憑腳，腳快尤顯手快，變化全在腰腿；活與不活在於步，靈與不靈亦在步。都是說明步法靈活的重要性。

（1）虛實分清

步法靈活的基礎是虛實分清。一是樁步沉穩的上下虛實分清，即神氣有意下降、周身放鬆鬆沉、坐胯圓襠、氣沉足底的上虛而下實。沉而生靈，穩而活變，虛實分清，沉穩靈活，反之，若上實下虛，上重下輕，則既無沉穩可言，也無靈活可言。

二是兩腰腿虛實分清。兩腿左右站立時，左實而右虛，右實而左虛，左右虛實要分清；兩腿前後站立時，前實而後虛，後實而前虛，前後虛實要分清。實為陰，虛為陽，虛實分清，陰陽各半。實為支撐腿，虛為調和腿，虛實互依，陰陽匹配。丹田坐於實腿根上，中氣自頂至足貫通，既沉氣到實腿湧泉，又鬆氣到虛腿湧泉，襠內圓開，虛實分明，陰陽相當，中正穩定。若虛實不分，便是雙重，亦無靈活可言。所以，無論練拳練功還是練用，無論是靜還是動，無論是定樁還是活樁，甚至包括平時，都要掌握虛實分清方法，符合虛實分清要求，養成虛實分清習慣，練好虛實分清功夫，即虛實功夫上身。

（2）靈活中定

是指虛實分清而步法靈活。所謂實，不是全站煞而是氣充實，實中有彈性騰挪之勢；所謂虛，不是全沒有而是意鬆虛，虛中有至虛至靈之意。

虛實之間，陰陽之中，虛靈內含，氣機活潑，不呆板，不僵直，不滯重，不遲緩。身欲動，而步已運；手欲動，而步已催。步法靈活而又不失中定，心內中和，從容中道。由虛換實，實而至中正；由實換虛，虛而至中正。推而廣之，以退為進至中正，以進為退至中正，左顧右盼至中正，右盼左顧至中正，閃展騰挪至中正，引誘回沖至中正，躥蹦跳躍至中正，開拓橫進至中正，提腿獨立至中正，伏身起發至中正，側反轉掃至中正，扣擺盤繞至中正。虛實互換不離中，步法靈活不偏倚。陰陽互為其根，虛實互換得靈。步運太極，上下相隨，腳分陰陽，虛實靈活。

3. 腿纏繞

混元整體纏絲是混元太極的練法要求和特點，身纏、手纏、腿纏形成整體混合的纏絲混元圈。因此平時練拳練用，兩腿要隨腰靜心用意默默纏繞，似旋擰螺絲一般，並養成習慣。功久既可纏絲行氣貫通足三陰三陽經，又可使精氣神與筋骨肉混融一體錘煉纏絲彈簧勁；既可似螺絲旋繞擰鑽下沉而有助穩定樁功，植地生根，又可纏化彼勁，動搖彼根，纏引落空。

4. 腿似弓

（1）腿要圓

腿是兩張弓，腿弓亦是發揮剛柔彈簧內勁的生理基礎。若要腿似弓，先要使腿圓，同時襠要圓。腿圓、襠圓既是混元太極三體渾圓的身法要求之一，也是形成腿弓彈性的前提條件。因此平時練拳練用，要在坐胯圓襠的基礎

上，用意使大腿與小腿保持一定弧度，似弓一樣（屈膝提腿、盤腿、跌叉除外），並養成習慣，以膝為弓把，以意氣之勁為弓弦，積蓄彈性勢能。故膝既不能過腳尖，又不能挺直，也不能屈得太過，即臀低於膝。

（2）發於根

除了腿要圓，還要留有屈伸餘地發於根。一氣屈伸開合發於根是發動腿弓彈性的基本條件。一方面腿弓不是固定不變、一動不動的，或看似不動，其實是隨內在意氣之勁的彈性屈伸變化而微有變化，因此腿弓各環節要留有一點彈性屈伸變化之餘地；另一方面腿弓彈性是借助氣沉足底發於根產生的大地反作用力發動的，即內力與外力合一發動。如此兩方面結合，一氣屈伸開合，釋放腿弓彈能。並依次傳遞到腰身、手臂，從而形成腿弓身弓臂弓五弓合一的整體剛柔彈簧內勁。

四、眼　法

拳術運用以眼法為令旗。與意是眼神心意之統稱一樣，眼法是眼神心意法之統稱。眼為心之苗，目為神之竅；五臟精華聚於目，神意出入在於目；運用全在一心，傳神全在兩目；發令者在心，傳令者在目。拳法精巧之處全在眼法，是以各家拳法皆以眼法為尊。

混元太極的眼法要求有四條：一要眼神內斂，二要目有定向，三要眼法為先，四要以神攝彼。

1. 眼神內斂

眼神內斂是眼法的第一要義。目為神之竅，神之出入

在於目。眼神內斂是斂神、凝神、聚神的意思。眼神內斂法既是入靜法，又是練氣法，即心不外想，神不外馳，收心入靜，不受干擾，心靜則種種欲靜，神氣相抱，靜心練拳，靜心練氣；斂神聚氣，凝神合氣，氣由神聚，一氣鼓鑄，練氣歸神，氣勢騰挪，開合有致，虛實清楚。

眼神內斂法既是練神法，也是養生法，即抑制後天識神，恢復先天元神，神意虛靈，內體虛靈，觸覺虛靈，五官虛靈；眼神內斂，思想入靜，練拳似休息，即大腦得到休息，消除疲勞，安神養神養氣，平肝養肝養血（肝亦開竅於目）。

因此，無論練拳練功練用還是平時，都要掌握眼神內斂方法，養成眼神內斂習慣，即思想注意力和兩眼內視力要往回收斂，含光默默，這叫斂神收視，收心求靜，心與意合；使眼神心意集中於體內，意想意視丹田，不使心神意散和視力外射，這叫神入氣中，意守丹田，意與氣合。否則胡思亂想，東瞧西看，神就不能入氣，氣就不能聚集，神氣不能聚合，不僅功夫不能發動，養生亦無所依。

2. 目有定向

目為心之苗，心與目合多一明。目有定向不是一般練太極所說的目視手不動，而是目光與心意動向一致，即心有定向，目有定向，心有所感，意必致動，意至所向，全神貫注。目光就是神光，即含光意視。如心意向上掤，則目光上掤，掤向一致；心意向前擠，則目光前擠，擠向一致；心意左顧，則目光左顧，顧向一致；心意右盼，則目光右盼，盼向一致；心意轉圈，則目光轉圈，轉向一致；

心意中定，則目光中定，中定一致。

因此平時練拳練用，目光要隨心而動、隨意所向；同時又要手眼身步法與心意動向一致，即心神意氣勁與手眼身步法內外合一，完整一氣。心想何處，意、氣與手、眼、身、步法整體一致至何處。既不可分心旁視，旁視則意散氣散勁不整；也不可呆視，呆視則僵直滯澀意不靈，而又要心正、頭正、目正、整體正，兩目餘光能照應周身上下四旁，即光兼四周，至中至正。

3. 眼法為先

目為傳心之官，心一動則目傳。眼法為先，就是眼法領先身、手、步，眼法傳導心、神、意，而不是一般練太極所說的眼隨手動。

眼法為先既是眼法的練法要求，也是混元整體運動的練法要求，亦是功夫上身的體現。因此平時練拳練用，要掌握並養成眼神隨心意領氣領身、手、步運動的方法和習慣，即心欲何往，眼神先去，身、手、步即隨同而去；心想何處，眼神先至，意、氣、勁即隨之而至。如心欲向前擠打，眼神先由內向前平視（寓欲前先後之意），領氣領身、手、步向前擠打；心欲往回捋引，眼神先由前往回收斂（寓欲後先前之意），領氣領身、手、步往回捋引；心欲向上掤靠，眼神先由下向上直射（寓欲上先下之意），領氣領身、手、步向上掤靠；心欲鬆引折疊，眼神先鬆引，領氣領身、手、步鬆引折疊；心欲纏絲旋繞，眼神先纏繞，領氣領身、手、步纏絲旋繞；心欲鬆放落點至彼根，眼神先行至彼根，則勁點落彼根，將對方鬆放出去。

上驚下取、左顧右盼、閃展騰挪、引誘回沖等等，也都是眼法為先，傳令心意，即以眼神心意為先。

4. 以神攝彼

以神攝彼是成手的眼神運用。練至功行圓滿、神明虛靈地位，就能由眼神「一眼看透」對方，以神為用，以神制彼，以神懾彼。神接彼勁，無形無象；神穿彼身，處處透空；神光乍現，觸之如電；神光直射，驚之如彈。如眼神透至彼骨，則我之神氣由接點透入彼骨；眼神洞穿彼身，則我之神氣由接點直破彼身；若眼神攝住彼神，則神氣一發，精光直射，產生驚炸崩彈勢能，如電閃雷擊，似電能釋放，由接點達到震攝、擊發對方之目的。

第三節　拳架套路結構

根據由簡至繁、循序漸進的原則和由柔至剛、剛柔相兼的思想，混元太極拳架分為兩個系列，並有長、短套路之分。一是柔拳系列，套路有混元 24 式、48 式和 83 式；二是炮捶系列，套路有 32 炮、46 炮、71 炮和散手炮。

混元 24 式屬短套拳，套路簡潔洗煉，拳式內涵豐富。既是柔拳系列的基礎，也是整個混元太極拳架的基礎；既是初學者的入門套路，也是功夫上身者通向鬆虛境界的常修套路。

作為入門基礎拳套，一是身法築基，把手眼身步法和意氣體三者練鬆順、練統一、練中正了，並養成習慣，符合混元太極身法要求，為行拳行氣和體用能力訓練打好基

礎；二是拳法築基，把陰陽五行八法和纏絲混元圈練順遂、練圓活、練純熟了，並掌握特點，符合混元太極運動要求，為學練拳術用法和其他拳套打好基礎。

混元 48 式是在陳式一路拳基礎上演變而來的。作為柔拳系列的基本拳套，保留了陳式一路拳的全部基本拳式而又去掉了所有重複拳式，使結構更為嚴謹，銜接更為巧妙，故又稱「精煉 48 式」或「沒有重複的一路拳」。「精煉」之義，一是指拳套精煉，套路編排精密合理，沒有重複，一氣呵成；二是指拳式精煉，每一式都包含十三勢的精妙組合，內涵豐富，練法全面；三是指拳法精煉，每一動都合乎精美的混元太極圖法象，三法合一，功效顯著。

混元 83 式全盤保留了陳式一路拳的原有結構程式，公開了陳式一路拳的原本練法，彰顯了纏絲混元圈的運動本相，揭示了太極內功拳的本來面貌。作為柔拳系列的傳統套路，拳套長而宜於活椿慢練、久練，拳重複而宜於反覆多練、熟練。

32 式炮捶是炮捶系列的第一套拳，屬短套炮捶。作為混元太極炮捶的入門基礎套路，一是學習掌握炮捶的練法特點，熟悉瞭解炮捶的運動規律；二是儲蓄錘煉剛柔彈簧內勁，熟練掌握剛柔兩勁用法。既適合初練炮捶者練習，又能滿足雖喜愛炮捶但又力不從心的年長者或受時間所限不能練長套炮捶者的練習需要。

46 式炮捶是兼有傳統炮捶和散手炮兩者練法特點的、融套路練習與單操練習於一體的拳架，是混元太極炮捶的重點核心。散手炮是以散手為形式、以單操為特徵的技擊性很強的拳法，一般不輕易外傳，而只傳門內弟子。習練

本炮捶可同時熟悉、瞭解和掌握兩種練法、用法，可切實有效地提高習練者的體用能力和功夫水準，並為進一步專研修習傳統炮捶和散手炮打好基礎。

71式炮捶全盤保留了陳式二路拳的原有結構程式，公開了炮捶的原本真傳練法，突出了炮捶的混元運動本象，完善了炮捶的拳架功能結構，豐富了炮捶的理法思想內涵，提升了炮捶的養生長功效能，保證了炮捶的內家拳功性質。

第四節　拳架練法特點

拳架練法特點是拳術思想理論和修練方法的綜合體現。混元太極拳架的練法特點，概括地說就是心意用功的意氣纏絲混元圈運動，也稱總特點。

具體地說有八個分特點：一是心意放鬆的連綿流水運動；二是心意貫通的循竅行氣運動；三是心意開合的丹田鼓蕩運動；四是心意沉著的活椿慢練運動；五是心意圓活的纏絲轉圈運動；六是心意中和的陰陽平衡運動；七是心意舒展的渾圓博大運動；八是心意放長的剛柔彈性運動。

總特點統領八個分特點，八個分特點貫穿總特點，從而形成了混元太極拳架系統完整的練法特點。

關於混元太極拳架的總特點和八個分特點內容不在本書展開論述。本節主要介紹柔拳系列與炮捶系列不同的拳架練法特點。

混元太極拳架的柔拳系列是炮捶系列的基礎。習練混元太極炮捶須在混元太極內功和柔拳系列已練有功夫的基

礎上，把精、氣、神練充足圓滿了，身、手、步練中正圓
和了，意、氣、體練圓渾統一了，混元圈練圓活柔順了，
凝聚內氣，儲蓄內勁，初步具有一身備五弓的彈性勢能
後，再潛心修練為好，否則恐驚擾甚至損傷先天，反而於
身於拳無益。兩個系列拳架的練法既有相同點又有不同
點，瞭解並掌握這些特點，就能有助於把握混元太極拳的
運動規律和內涵特徵，達到練拳養生、長功、能用的目
的。下面分而述之：

1. 在放鬆運動方面

練拳似放鬆。放鬆運動是太極拳的基本要求和練法特
點。柔拳的放鬆運動以身心鬆靜、中正鬆順、骨肉鬆開、
活樁鬆沉、纏綿鬆柔為主，以利於改善心臟活動機能，增
加血管舒縮彈力，消除緊張，保養心腦神經，消除疲勞，
恢復體能精力；以利於暢通氣血，疏通經絡，貫通三節，
營衛周身內外，充養筋韌骨肉，促進毛細血管開放，改善
微循環系統；以利於降濁升清，調解三焦，降火升水，調
濟陰陽，上虛下實，調理中和，植地生根，調節中定；以
利於化掉拙力僵勁，改變用力習慣，養成心內中和的不用
力、不受力、不頂力的用意習慣，提高肌膚觸覺和內體感
覺靈敏性；以利於氣通無阻力，連綿不斷，纏綿不慌，沉
著順遂，由鬆入柔。

而炮捶在前者基礎上突出了鬆活纏繞、鬆伸放長、鬆
緊弛張、鬆彈旋抖、鬆放崩彈變化，以利於深入和提高放
鬆的品質與功夫，積柔生剛。即伸縮捲繞，以增加機體彈
性勢能；神氣鼓蕩，以凝聚內氣彈性勢能；氣勢騰挪，以

積蓄精神彈性勢能。

2. 在陰陽轉換方面

練拳似調濟陰陽。理氣陰陽是太極拳開拳第一義；陰陽轉換是十三勢運動之基礎。柔拳的陰陽轉換是以鬆引折疊換陰陽為主，即以鬆引為陰陽折疊轉換之契機。先順勢向欲要運動方向的反面中正不偏地鬆引一下（陰陽相當無過及），再折疊轉向運動；或一勢運行到位後即鬆氣回引回丹田（陰陽相合守中正），再折疊轉換下一勢。即欲陽先陰陰換陽，欲陰先陽陽換陰，順人之勢先鬆引，引進落空轉陰陽。鬆中引，引中換，陰陽互為其根，鬆引轉換陰陽。而炮捶在前者基礎上突出了沉氣蓄勁、蓄氣伏丹的蓄勢轉引變化，即以蓄引為陰陽折疊轉換之契機。蓄中引彼勁，蓄引之中孕育虛實轉換之機；引中蓄己勁，引蓄之中聚積彈性鬆放之勢。陰陽互為調濟，蓄引轉換陰陽。

3. 在意氣運動方面

練拳似行氣。以意行氣是太極拳的行功準則，太極拳運動就是意氣運動，練太極拳的過程就是行氣練氣的過程。柔拳的以意行氣運動主要是由擇中行氣法來調理陰陽中和，以按竅運氣法來運行五行八法，以循竅行氣法來貫通全身各節，以開合運氣法來鼓盪開合全身，以提降運氣法來植地生根穩固樁功，以纏絲運氣法來疏通周身經絡。始意動，繼內動（氣動），後外動（體動），內外合一，上下相隨，周身一家。

而炮捶在前者基礎上採用斂神聚氣法、一氣伸縮法和

抓閉運氣法來練拳、練氣、練勁（精）、練神，即眼神心意領住先天之氣從丹田由外向內收斂聚集，使之聚而不散，並貫通全身，斂入骨髓，發動肢體運動，纏絲混元轉圈。功久，先天精氣神與後天筋骨肉混元一體，似彈簧纏繞卷放，積蓄彈性勢能，錘煉剛柔彈勁。

4. 在身、手、步運動方面

身、手、步三體是太極拳架的基本架構，是意氣運動的有機載體。身、手、步三體與精、氣、神三才構成了內外兩功的整體運動，練拳的過程就是內練精、氣、神，外練身、手、步的過程。在身、手、步方面，柔拳主要是以身領手的整體運動，即以身領四肢，身動上下隨；以腰為主宰，轉圈先轉腰；運化在腰腿，開合胸腹間；勁起於足，發於根，主於腰，達於手，節節貫通，周身一家；太極腰，兩儀腎，四象肩胯，八卦臂腿，混合一體，完整一氣。而炮捶在前者基礎上突出了以手領身的整體運動，即兩手用意領住周身之氣，發動整體運動。

手為先鋒，身為中軍，步為根基，身、手、步一動全動；梢節領，中節隨，根節催，上、中、下一氣貫注；手到，身到，步到，意到，氣到，勁到，意、氣、體一到全到；手起足落，發步進身，身手齊到是為真；手似藥箭，身備五弓，消息全憑後腳蹬。

5. 在運動節奏方面

運動節奏是拳術思想要求和風格特點的體現。練拳似站樁，宜慢不宜快；慢練出真功，活樁有奇效。因此，柔

拳的運動節奏以勻速柔和的活樁慢練為主。

靜心慢練，行拳似行雲流水連綿不斷，緩緩運行，間有蓄發和縱跳；凝神靜運，行氣似氣中游泳靜謐無聲，默默運行，偶有震腳和擊打。而炮捶在前者基礎上因人、因勢而宜地突出了動靜、徐疾、輕沉、弛張、捲放、蓄發的節奏變化，纏綿與崩彈相映，柔和與驚炸互現，進退顧盼，閃展騰挪，富有彈性節奏。

6. 在纏絲混元圈方面

纏絲混元圈是混元太極拳的精華核心和特點，是陰陽太極圖的渾然本相和特徵。練拳似畫圖，練拳的過程就是旋轉纏絲混元圈、描繪混元太極圖的過程。柔拳的纏絲混元圈以圓滿舒展、渾圓博大為主，大開合、大身法、大轉圈，有助暢通氣血運化周身，有助意、氣、體三者混合成圓，有助加大旋轉離心力。而炮捶在前者基礎上突出了環形伸縮、螺旋捲放、纏繞束展、圓活靈敏的彈性混元圈變化，以增強意、氣、體的彈性勢能和混元圈的旋轉動能，進而練達體是彈簧體，勁是彈簧勁，圈是彈簧圈。

7. 在剛柔方面

剛、柔是太極拳的兩個方面、兩種特性、兩種勁別、兩種氣勢。柔拳以柔為主，由鬆入柔。意鬆柔、氣鬆柔、身鬆柔、拳鬆柔、勁鬆柔，以鬆柔之意引柔水之氣，以柔水之氣行柔順之身，以柔順之身運柔和之拳，以柔和之拳積柔韌之勁。而炮捶在前者基礎上突出了由柔生剛和陰陽、動靜、虛實、剛柔之變化。

　　斂神聚氣以增強氣能，氣強而生剛；斂氣入骨以積蓄骨能，骨沉而積剛；彈性伸縮以提高彈能，勁足而至剛。動而生陽，由柔漸變剛；靜而歸陰，由剛復歸柔；虛中有實，柔中寓剛；實中有虛，剛中寓柔；動靜相生，陰陽互濟，剛柔相兼。

8. 在十三勢方面

　　十三勢是太極拳的基本內容，太極拳又叫十三勢。柔拳的十三勢運動以活樁慢練的定步五行和掤、捋、擠、按四正為主，活步五行和採、挒、肘、靠四隅為輔，體用時以沾連黏隨為主來運用十三勢。而炮捶在前者基礎上突出了腿、手並用的活步五行的八法變化和化引拿發的十三勢體用。八法雖以採、挒、肘、靠四隅為主，但掤、捋、擠、按四正多與四隅配合運用，如掤靠、擠靠、捋採、捋挒、肘掤、肘按等，並且周身各部位都能運用十三勢纏繞諸靠，每一混元圈都可運用十三勢屈伸縱放。

9. 在發勁方面

　　發勁是太極拳行氣運勁的一種形式，是練氣、練勁的一種方法。柔拳的發勁以意氣纏絲內運的柔勁、暗勁為主，很少有外發的剛勁、明勁，即使偶有發勁，也是心意內發而氣不外發，即有發勁之意而無發勁之形，以達練氣養氣、練意養神、練勁養精、練拳養身的目的。而炮捶在前者基礎上因人、因勢而宜地突出了剛柔纏絲彈簧勁的鼓蕩發動，或捲繞彈放，或鬆活彈抖，或驚炸崩彈，或彈性鞭打。雖然炮捶的發勁運動比較多，但仍要符合太極內功

拳的發勁要求。歸納起來有以下幾條：

（1）氣足而發，即丹田混元氣充盈滿足並充貫全身至欲想發而發。

（2）內氣不出，即發勁時注意不要將氣散發於身外，避免損耗精氣神。

（3）不離丹田，即發勁時眼神心意始終不離丹田，神氣合一地由丹田呼吸發動，鬆腰旋抖，氣出丹田。

（4）蓄而後發，即發勁時先要斂神蓄勢、沉氣蓄勁，包括引中蓄己勁，然後再順勢發放。

（5）勁須鬆放，即發勁時須身心鬆靜，意氣鬆放，不使心勁，不努氣用力硬發亂抖。

（6）內外合一，即發勁時內動（意氣運動）與外動（骨肉運動）要內外合一，內力（氣能功力）與外力（大地反作用力）要內外合一。

（7）周身一家，即發勁時周身之勁合成一家，梢領中隨根節催，由足而腿而腰而臂而拳上下相隨、整體一致發動。

（8）致中達和，即將發未發之時，要心意誠於中，虛靈含於中，一氣伏於中；發時要由中而發，發而皆中，不偏不倚，無過不及，陰陽中和，恰到好處。

（9）著身成拳，即發勁到位時意氣要由鬆變緊、由虛變實的突然制動，整體之勁就會向拳頭傳遞透達，由於拳之末端環節品質小，從而產生氣聚一粒、力發一點的彈抖力、打擊力、穿透力。

掌握上述練法要求，不僅發而不傷身，還能養身長功，提高體用能力和功夫水準。

第2章 混元太極炮捶四十六式

第一節　圖解說明及要求

一、方向說明

　　為了便於說明，拳式圖解自無極起勢開始，以面朝南為前，背朝北為後，左為東，右為西。書中圖照方向相對讀者而言，面向者為前，背對者為後。運動方向變化以人體胸部為準說明方位朝向。熟練後，每天練拳開始以日為向，或卯時朝東、午時朝南、酉時朝西、子時朝北。

二、路線說明

　　為了示意清楚，拳式圖照配畫了運動路線箭頭，圖上的線條標明從這一動作到下一動作所經過的運動路線，左手、左腳的運動路線由虛線表示，右手、右腳的運動路線由實線表示。箭頭表示該動作的終點，也是下一個動作的起點。運動路線都是圓弧形軌跡，從而形成整體的混元圈運動。

三、圖文說明

　　為了表述清楚，圖照和文字對動作作了分解示意和說明，但練拳時應連貫流暢，或形斷意不斷，意斷神來接。

文字說明中，除已說明先後順序外，不論先寫或後寫身體某一部分動作，練拳時各運動部位都要協調一致，內外統一，同時運動，同時到位，符合內外合一、上下相隨、周身一家的混元整體運動要求。

四、纏絲說明

纏絲是整體纏絲，運動中身體各環節部位都要在意氣支配下自轉螺旋纏絲，即一纏俱纏，周身十八個關節部位同時進行順逆纏絲。

1. 上肢纏絲

凡言順纏，是指由小指側經手心向拇指側方向轉動、同時肘關節由外向裏的旋腕轉臂自轉運動，也稱內旋；凡言逆纏，是指由拇指側經手心向小指側方向轉動、同時肘關節由裏向外（非抬肘）的旋腕轉臂自轉運動，也稱外旋。所屬經絡為手三陰三陽經。無論順纏逆纏，總須手臂放鬆，沉肩墜肘，三節對準，一氣貫通，以肘為軸，擇中運行，腰手合一，圓活纏絲。

2. 下肢纏絲

凡言順纏，是指腿部由內向外的旋膝轉踝自轉運動，也稱外旋；凡言逆纏，是指腿部由外向內的旋膝轉踝自轉運動，也稱內旋。所屬經絡為足三陰三陽經。運動中兩腿纏絲以一順一逆為主，偶有雙順雙逆。無論內旋外旋，總須腿腳放鬆，坐胯圓襠，膝腳對齊，膝要中定，三節貫通，氣沉足底，虛實分清，中正穩定，隨腰纏絲。

3. 身軀纏絲

凡言右轉腰為順纏，即腰身自左向右的自轉運動；凡言左轉腰為逆纏，即腰身自右向左的自轉運動；凡言胸腹相合為順纏，此時腰背相開；凡言胸腹相開為逆纏，此時腰背相合。一般來說，身軀纏絲以順逆混合形式為主，如右轉腰時胸腹相合與左轉腰時胸腹相開，或左轉腰時胸腹相合與右轉腰時胸腹相開。身軀纏絲是四肢全體纏絲的總樞紐，即以腰身帶領四肢全體周身一家順逆纏絲混元轉圈（炮捶是以手領腰身的周身一家纏絲轉圈）。所屬經絡為任、督、帶、沖。無論左右轉腰胸腹開合，總須腰身放鬆，塌腰斂臀，旋腰轉腎，脊椎豎直，虛靈頂勁，中正不偏。

五、混元圈說明

混元是混合的圓，運動中意、氣、體不僅有自轉纏絲運動，同時還有公轉圓周運動，即自轉纏絲公轉圈的環形位移運動，從而形成混元太極運動本相的纏絲混元圈。根據前、後、左、右、上、下六個方位的立體三維空間混合圓形運動又分為橫立圈、縱立圈和水平圈三個基本圈，以及與此三個圈相對應的旋轉離心力和向心力的開合圈，並有順、逆時針之分和正、斜方位之別。

這三個基本圈是構成立體三維空間混合圓形運動的基本條件，少一個運動方向的圈，就不能形成立體渾圓運動。因此，拳中纏絲混元圈運動不是某一方向圈的立面運動或平面運動，而是以某一運動方向圈為主的混合圓形運動，也就是渾圓太極球體運動，即圓陀陀以像太極圓，活

潑潑似畫太極圖。

1. 橫立圈

是指意氣領手繞丹田中心水平軸的左上右下或右上左下橫向圓形運動。其中，左上右下順序運動謂順時針轉圈，右上左下順序運動謂逆時針轉圈。所屬經絡為身軀兩側沖脈。對應十三勢以掤、捋、擠、按、顧、盼為主，內寓採、挒、肘、靠變化。運轉中意、氣、體、圈除了左右上下渾圓外，還要注意前後渾圓。將橫立圈分開畫弧描述時，左半圈稱左上（下）弧線，右半圈稱右下（上）弧線，上半圈稱上弧線，下半圈稱下弧線。

2. 縱立圈

是指意氣領手繞丹田中心橫向軸的後上前下或前上後下縱向圓形運動。其中，後上前下順序運動謂順時針轉圈，前上後下順序運動謂逆時針轉圈。所屬經絡為前胸後背任、督兩脈。對應十三勢以掤、捋、擠、按、進、退為主，內寓採、挒、肘、靠變化。運轉中意、氣、體、圈除了前後上下渾圓外，還要兼顧左右渾圓。

將縱立圈分開畫弧描述時，前半圈稱前上（下）弧線，後半圈稱後下（上）弧線。

3. 水平圈

是指意氣領手繞丹田中心垂直軸的左前右後或右前左後水平圓形運動。其中，左前右後順序運動謂順時針轉圈，右前左後順序運動謂逆時針轉圈。所屬經絡為腰腹帶

脈。對應十三勢以挒、擠、顧、盼為主，內寓捋、肘、靠變化。運轉中意、氣、體、圈除了左右前後渾圓外，還要注意上虛下實的圓轉。將水平圈分開畫弧描述時，左半圈稱左弧線，右半圈稱右弧線，前半圈稱前弧線。

4. 開合圈

是指意氣領兩手沿上述三個混元圈軌跡的對稱相向的離心力、向心力渾圓開合運動，有橫立圓開合圈、縱立圓開合圈、水平圓開合圈。

六、手型說明

混元太極拳的手型要求，主要是鬆腕舒指，掌心虛含，兩手綿綿沒有力，即腕關節自然放鬆不用力，指掌骨節自然放鬆不伸直，掌心自然放鬆意虛含，五指自然放鬆不併攏，依次錯開成螺旋掌或瓦攏掌，既便於氣達勞宮貫指梢，又便於與全身各環節合氣合勁合成圓，並由意氣弛張的鬆腕坐腕變化來變換虛實陰陽，即用意鬆腕為虛、為陽，用意坐腕為實、為陰。坐腕不用力，用力氣不通，有力不虛靈，練時要注意。

現將拳中出現的主要手型和勁點說明如下。

1. 垂　掌

鬆腕垂指，指尖朝下，掌心朝後或朝異側。垂掌上掤時勁點在腕背；向前或向同側時勁點在掌背。

2. 平　掌

鬆腕舒指，掌心朝下，指尖朝前，也稱俯掌。平掌前

擠時勁點在指梢，指掌腕骨節放鬆對準，掌腕背平齊；向下捋引時用意坐腕勁點在掌心；下按時用意坐腕勁點在掌根；劈掛時勁點在掌心。

3. 仰　掌

鬆腕舒指，掌心朝上，指尖朝前或朝異側。仰掌螺旋穿伸時勁點在指梢。

4. 立　掌

鬆腕舒指，掌腕背平齊，指尖朝上或斜朝上；或用意坐腕，指尖朝上或斜朝上；掌心朝異側或斜朝外。立掌前擠時用意坐腕勁點在掌沿；向異側橫捋時勁點在掌心。

5. 橫　掌

鬆腕舒指，掌心朝下或斜朝下，指尖斜朝異側。橫掌前擠時勁點在掌沿；向同側捋引時勁點在掌沿或掌心。

6. 側　掌

鬆腕舒指，掌沿朝下，手掌側立，掌心朝異側時指尖朝前或掌心朝裏時指尖朝異側。側掌向異側橫捋時或兩手側掌同向異側交合時勁點在掌心；向同側橫開時勁點在掌背。

7. 勾　手

腕背鬆屈，五指尖放鬆捏攏朝下；或拇指、食指、中指三指尖捏攏朝下，其餘二指捲曲。勾手上掤時勁點在腕背。

8. 八字手

拇、食兩指自然伸展成八字狀，其餘三指捲曲。手心朝上為陰八字手，手心朝下為陽八字手。八字手勁點在食

指梢。

七、拳型說明

　　混元太極拳的握拳要求是抓閉握拳。有兩種抓握法，一是五指似鉤勁一般用意節節抓鉤握拳，二是五指似捲餅一般用意抓捲握拳，閉是用意抓氣閉住。

　　混元太極拳的拳型要求是虛握拳，即五指捲曲虛握不用力，拇指壓於食、中指第二指節上，拳心虛含，拳面斜平或拳指骨中節依次錯開呈螺旋拳，腕關節放鬆不用力，拳腕骨節放鬆對準，拳背與腕背放鬆平齊，以便於氣達勞宮貫滿拳，拳似氣錘。

　　現將拳中出現的主要拳型和勁點說明如下：

1. 平　拳

　　凡拳心朝下或斜朝下，拳背朝上為平拳，也稱俯拳。平拳前伸或螺旋前伸時勁點在拳指骨；向異側橫擺時勁點在拳眼或拳指骨食指節；向同側橫打時勁點在拳輪。

2. 立　拳

　　凡拳眼朝上為立拳。立拳前伸時勁點在拳面或拳指骨；向異側橫擺時勁點在拳指骨中指節；向同側鞭打時勁點在拳背骨。

3. 仰　拳

　　凡拳心朝上、拳背朝下為仰拳。仰拳下砸、下劈時勁點在拳背骨；下按時勁點在拳背；向同側橫搬或橫打時勁

點在拳輪。

4. 豎　拳

凡拳指骨朝上、拳心朝內為豎拳。豎拳向上勾掤時勁點在拳指骨。

5. 垂　拳

凡拳面朝下或拳指骨朝下、拳心朝後或朝異側為垂拳。垂拳下打時勁點在拳指骨；向同側橫打或前打時勁點在拳輪。

6. 反　拳

凡反腕拳眼斜朝下為反拳。反拳向異側橫擺時勁點在拳背。

八、步型說明

混元太極拳的步型為圓襠步，除平步、馬步外，要求步分虛實，腳有正斜，兩腳不站在一條線上或腳尖不平齊，以增加穩定角，提高穩定性，保持靈活性。

現將拳中出現的主要步型說明如下：

1. 平　步

兩腳平開站立，腳尖自然朝前，步距寬同肩，坐胯圓襠，膝腳對齊，重心平均，不分虛實。

2. 前弓步

兩腳前後站立不在一條直線上，左右相差約一腳，前腿腳尖正朝前、坐胯弓屈踏實，膝腳對齊；後腿腳尖外撇

斜朝前、鬆胯圓襠伸而微屈虛蹬展，膝腳斜對齊。

3. 後坐步

兩腳前後站立不在一條直線上，左右相差約一腳，後腿腳尖外撇斜朝前、坐胯屈膝踏實，膝腳對齊；前腿腳尖朝前、鬆胯圓襠伸而微屈虛挺膝，膝踝垂直對齊。斜後坐步時後腳為斜方位。

4. 弓馬步

橫弓馬步時兩腳橫向站立，腳尖不平齊，實腿腳尖外撇斜朝前、坐胯弓屈，膝腳對齊；虛腿腳尖正朝前、鬆胯圓襠屈膝，膝腳斜對齊。左實右虛為左弓馬步，右實左虛為右弓馬步。斜弓馬步時兩腳為斜方位站立，前腳為實正朝前，後腳為虛斜朝前。

5. 側虛步

兩腳左右站立不在一條橫線上，前後相差約半腳，步距寬同肩，實腿腳尖正朝前、坐胯屈膝，膝腳對齊；虛腿腳尖外撇斜朝前、鬆胯圓襠側立，膝踝對齊。或虛實正斜相反，即實腳斜朝前，虛腳正朝前。右實左虛為左側虛步，左實右虛為右側虛步。

6. 前虛步

兩腳前後站立不在一條直線上，左右相差約一腳，後腿腳尖外撇斜朝前、坐胯屈膝踏實，膝腳對齊；前腿腳尖正朝前、鬆胯圓襠微屈虛立，膝踝對齊。右腳在前虛立為右前虛步，左腳在前虛立為左前虛步。

7. 後虛步

兩腳前後站立不在一條直線上，左右相差約一腳，前腿腳尖正朝前、坐胯屈膝踏實，膝腳對齊；後腿腳尖外撇斜朝前、鬆胯圓襠微屈虛立，膝腳斜對齊。左腳在前踏實為右後虛步，右腳在前踏實為左後虛步。

8. 獨立步

一腿獨立穩定；另一腿垂直屈膝上提或纏絲提腿裏合，大腿高於水平，小腿鬆垂腳底平。

第二節　拳式動作圖解

第一式　無極起式

1. 練拳須從無極始

練拳開始，先站無極樁。即兩腿自然站立，兩腳平開，步距與肩同寬，腳尖朝前，坐胯圓襠，膝腳對齊，重心平均；立身自然中正，虛靈頂勁，塌腰斂臀，脊椎豎直，頭正項豎，閉口合齒，舌貼上腭；兩臂自然鬆垂，沉肩墜肘，鬆腕垂指，兩手綿綿；兩眼自然前視，再眼神收斂，含光默默。

站定後，先調身放鬆，即眼神心意自頂至腳、由上向下依次節節降氣放鬆，氣降到腳底，全身即已放鬆，上虛而下實。

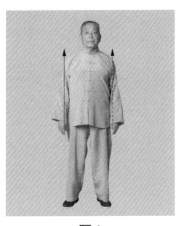

圖 1　　　　　　　　圖 2

　　放鬆後，再調心守丹，即眼神心意先集中至祖竅，再下行至臍內中丹田，以意想著它，以意看著它，以意聽著它，三性歸一意守丹田。

　　守定後，再調息運氣，即眼神心意由丹田進行極為輕緩的呼吸運氣，先吸後呼，然後靜守；待丹田之氣鼓蕩發動生太極時，即用斂神聚氣之法，從丹田由外向內收斂聚集，使之聚而不散，並用神意將氣貫通全身，斂入骨髓，再發動四肢全體，起勢開拳練太極。（圖 1）

2. 先向後引再上掤

　　先兩手用意（眼神心意）領氣（周身之氣）向後蓄引一下，此謂欲前先後、欲上先下；再鬆腕垂掌以腕背領氣沿縱立圈的前上弧線折疊向前（南）彈性上掤，腕高與肩平，手距同肩寬（以下同），同時一氣上下分行：上行由會陰至上丹田，下行順兩腿至湧泉。（圖 2）

圖 3   圖 4

3. 向前蓄引再回捋

上動不停。兩手先用意鬆腕領氣、向前（南）鬆伸放
長蓄引一下，此謂欲後先前；再用意坐腕，以掌心領氣沿
縱立圈的前下弧線彈性折疊往回捋，同時意由祖竅往回
吸，氣沉湧泉手腳合，一氣中立不偏倚。（圖 3）

4. 由後向前平伸擠

上動不停。兩手用意領氣，先沿縱立圈的後上弧線鬆
腕屈臂蓄引至兩肋旁，此謂欲前先後；再平掌以指梢領
氣，由後折疊平向前彈性伸擠，同時一氣由中分行：後由
夾脊至指梢，下由兩腿至湧泉。（圖 4）

5. 由上向下坐胯按

上動不停。兩手用意領氣，先沿縱立圈的上弧線由前

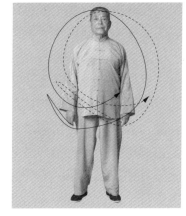

圖 5　　　　　　　　　圖 6

往回鬆腕屈臂蓄引至兩胸旁，此謂欲下先上；再用意坐腕以掌根領氣，由上折疊向下彈性沉按，同時一氣中定地由膻中降至下丹田到湧泉，兩腿隨之坐胯屈膝，身微蹲。（圖5）

6. 氣回丹田身復原

　　氣降到不能再降，手按到不能再按，意、氣與身、腿、手即緩緩升起回復到原來無極勢，氣回丹田，身心虛靜，陰陽混合，復入虛無。（圖6）

【練法要點】

　　無極起式又稱預備起式，由無極式和太極起式兩部分組成。無極式是無極生太極，無極是太極的基礎，太極由無極而生；太極起式是太極生兩儀，兩儀生四象。無極即虛無，太極即一氣，兩儀即陰陽動靜，四象即掤捋擠按、虛實剛柔，充分體現了太極陰陽哲學的逆運之理和生化之

理，充分體現了混元太極的練拳之前先練功、練拳須從無極始、先生太極再練太極的練法思想和特點，充分體現了太極拳的原本真傳練法。

無極椿的身法各部要求如虛靈頂勁、塌腰斂臀、坐胯圓襠、沉肩墜肘、眼神收斂等，既是無極椿的身法要求，也是全套拳架的身法要求；既是預備練拳的動作要求，也是整個練拳過程的動作要求，即是所有拳架身法的基礎，並要貫穿於整套拳架動作之中。每一動、每一靜都要自問自查身法是否符合要求、手法是否符合要求、步法是否符合要求。關於身法各部要求和操作方法請參閱第一章第二節的「拳架身法要求」。以後不再重述。

站定後的先調身放鬆、再調心守丹、再調息運氣這三步操作，既是單練無極椿功的練法步驟和操作事項，也是每次練拳從無極開始的練法步驟和操作事項，這是練拳的基礎和開拳的前提，稱之為預備操作法。這種練法從措施上保證了練拳之前先練功、練拳須從無極始的拳功合一練法和功效作用。所以站立後不要急於開拳，先要心靜用意地依法操作，並養成習慣，成為一種操作模式。

練太極拳全憑心意用功，即先在心，後在身；心有所感，意必致動；始意動，繼內動，後外動，大腦思想要領先。因此，起式開拳之前，先要凝神靜心地意想起式的動作圖像、特徵要求和怎麼運動，然後隨意想以手領身（柔拳是以身領手）靜靜地起式開拳練太極。

如起勢掤，先意想掤的動作圖像、特徵要求和怎麼掤，再兩手用意領氣領身陰陽折疊向上掤。不止起式是這樣，就是後面每一個拳式的開始，甚至每一圈的開始都要

這樣。即使動作熟練已極，要求了然於心，也要心意在先身在後。以後再逐漸進入到只知意動內動，不知身動外動的高級練拳階段。

炮捶起式與柔拳起式有以下不同：一是四象順序不同，炮捶是掤、捋、擠、按順序；柔拳是掤、擠、捋、按順序。二是運動節律不同，炮捶是氣勢騰挪，蓄勢轉關，富有彈性節律；柔拳是氣勢平和，鬆引轉換，內蘊輕柔韻味。

炮捶起式與柔拳起式的理法相同之處：一是四象不離兩儀，即兩儀是四象的基礎，掤捋擠按是在陰陽轉換基礎上運動的。如欲陽先陰，由陰生陽；欲陰先陽，由陽返陰；欲上先下，由下向上掤；欲後先前，由前往回捋；欲前先後，由後向前擠；欲下先上，由上向下按。

二是兩儀不離一氣，即太極是先天一氣，陰陽是後天兩儀；太極一氣是陰陽兩儀的基礎，陰陽兩儀由太極一氣所生；一氣分陰陽，陰陽合一氣。一而二，二而一；一是二的對立統一，二是一的兩個方面；一是周身一家、完整一氣，二不是分為兩段、斷為兩截，二仍然是一。如由下向上掤，有上必有下，上和下是「一」的兩個方向，陰和陽互為一體不分離。

三是一氣不離中正，即太極是中庸之道，太極一氣是至中至正之氣，擇中運行，中正對稱，致中達和，從容中道，不偏不倚，不頂不丟，不多不少，不先不後，無過不及，恰到好處。如由中掤，向中捋，擇中擠，守中按。

四是中正不離渾圓，即太極是圓成之物，意渾圓，氣渾圓，體渾圓，圈渾圓，先天後天渾圓，有形無形渾圓，前後左右上下內外都是圓，如渾圓上掤，渾圓回捋，渾圓

前擠，渾圓下按。

以上理法要點不僅是起式的要點，也是全部拳式的要點，均要貫穿於整個練拳過程，包括拳法運用，後面不再重述。

【行氣要點】

炮捶的練氣功夫屬練氣化神。炮捶的練氣方法主要有斂神聚氣法、纏絲運氣法和抓閉運氣法。炮捶的練習目的主要是錘煉剛柔彈簧內勁，培養彈性混元功夫。因此須在練好先天之氣的基礎上，而且氣功已練有一定功夫，精氣神圓滿無虧，再練氣練炮捶為好。

無極式又稱先天虛無一氣式。練拳須從無極始就是先入無極生太極一氣，再練太極兩儀之陰陽。太極一氣是先天之氣，先天之氣自虛無中來，即「太極原生無極中，混元一氣感斯通」。

無極者，空空洞洞，無形無象，無物無我。所以，練太極要先入無極，自無生有，靜極生動，無極生太極。靜求無極就是由自我調控心理和生理，從有意到無意，有形到無形，有物到無物，有我到無我，後天返先天，即返還天地未開、陰陽未分的先天虛無之境。待到虛極靜篤之時，不覺忽然先天之氣發動，則太極生也。生太極之時，就是下手練太極之時，也是起勢開拳練太極之時，一氣分兩儀、通三節、充四梢、和五行、彌六合、轉七星、運八方，行九宮，復返先天混元太極之本相。

炮捶的意氣運動從起式開始到拳套結束都是兩手用意（眼神心意）領氣（周身之氣）領身的梢領、中隨、根催的整體統一的彈性混元運動，無論陰陽開合、虛實剛柔、

縱放屈伸、諸靠纏繞、進退轉側、閃展騰挪、伏身起發、蓄發捲放全以意氣丹竅發動。

炮捶起式的意氣運行方向和竅位順序是：（下）會陰→（上）祖竅→（後）夾脊→（前）膻中→（下）會陰，即掤的竅位在會陰，意氣由會陰上行至祖竅上丹田形成掤勁；捋的竅位在祖竅，意氣由祖竅往回吸引形成捋勁；擠的竅位在夾脊，意氣由體後督脈之夾脊向前形成擠勁；按的竅位在膻中，意氣由胸前任脈之膻中下行至會陰形成按勁。氣行竅位的同時一氣運行奇經八脈和手足三陰三陽經。

【用法要點】

混元太極用法特點是由內外合一、上下相隨、周身一家、混元一體的不同方向轉動的纏絲混元圈產生的離心力和向心力，來運用五行八法十三勢化、引、拿、發對方，達到四兩撥千斤的技擊效果。並以鬆靜中和為原則，從人順勢為法則，沾黏連隨為要求，鬆引轉換為契機，引進落空為前提，剛柔兼用為特徵。

太極起式是由縱立圈運動來運用掤捋擠按的典型用法。

垂掌腕掤法：我兩手鬆腕垂掌用中和之意虛接對方兩手，並順對方推我之勢邊向後下方黏隨化引邊聚氣蓄勁（陰），一聽得對方前傾落空之機，即鬆腕領氣借對方向後找平衡的慣性之勢，順勢折疊轉換陰陽沿前上弧線由下向前彈性上掤，將對方鬆放出去（陽）。

平掌下捋法：先鬆腕垂掌向前伸引出對方反作用力（陽），再順勢折疊轉換沿前下弧線往回捋對方兩手臂（陰）。

平掌指擠法：先順對方來勢向後鬆腕屈臂蓄引牽梢斷

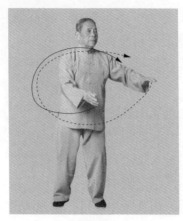

圖7

根引落空（陰），再沿後上弧線折疊轉換向前平掌伸擠，將對方鬆放出去（陽）。

平掌下按法：先向上鬆腕屈臂擎引彼身斷彼根（陽），再折疊轉換沿後下弧線用掌根向下按對方兩手梢節（陰）。

第二式　金剛搗碓

1. 先向右引再轉圈

接上式。兩手用意領氣領身，先向右蓄引一下右轉腰，同時兩腿右順左逆、重心右移，此謂欲左先右；再折疊向左沿順時針橫立圈路線左上右下圓活旋轉一圈後斜向左前方彈性伸擠，即沿左弧線鬆腕向上掤、沿上弧線左順右逆向右捋、沿右弧線坐腕向下按、沿下弧線左逆右順斜向左前橫掌擠，同時腰身先左後右再左轉、兩腿順逆互纏、重心左右互換回到左。（圖7）

圖8　　　　　　　　　　圖9

2. 左顧捋引右轉身

上動不停。兩手用意領氣領身，先向右下方彈性鬆回蓄勢右轉腰，同時兩腿右順左逆、重心右移；然後兩手左逆右順沿水平圈前弧線折疊向左彈性捋引左轉腰，同時兩腿左順右逆、重心左移；左顧捋引到位後即左順右逆折疊翻掌沿水平圈前弧線向右回轉捋引右轉身，同時先左腿內旋扣腳踏實、再右腿外旋轉腳虛立（胸朝西南），左手心朝上、右手心朝下，兩手與肩同寬。（圖8、圖9）

3. 提腿鏟腳腿手分

接著，重心前移，右腳踏實，右腿中定氣沉好，先左膝領氣纏絲提腿裏合，並與兩手一起鬆氣蓄勁；再左腳領氣側身橫向左側方向（南略偏東）貼地鏟腳開步，腳尖朝南略扣，兩腳不在一條線，同時兩手領氣自左折疊橫向右

圖10

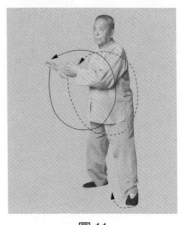

圖11

側方向（北）左屈右伸捋引，
成腿手分行彈性捋捌勢。左手
屈臂立掌護中，右手伸臂坐腕
開展。右腿坐胯為實，左腿鬆
胯為虛。（圖10、圖11）

圖12

4. 側身再轉橫立圈

兩手用意領氣領身，再沿
順時針橫立圈路線右下左上圓
活旋轉一圈回到原位；同時腰
身先左後右轉，兩腿順逆互
纏、隨重心由左回到右，略收左步蓄住勢。（圖12）

5. 上步合手右勾拳

先左手用意領氣領身，斜向左前下方逆纏斜按左轉腰

圖 13　　　　　　　　　　圖 14

（胸朝南），同時領左腿外旋、腳外撇、腳尖斜朝東南；
再右手邊用意抓閉虛握拳邊領氣領身領右腳，沿縱立圈下
弧線向前（南）上步進身勾拳掤，同時左手先順後逆屈臂
合於右臂彎上，重心前移，氣沉右腳踏實，腳尖正朝南成
左後虛步。（圖 13、圖 14）

6. 左右輪轉縱立圈

　　當右拳右腳一到位，即右拳領氣領身，沿縱立圈下弧
線彈性往回鬆引蓄勢身後坐，氣回丹田，左腳沉氣踏實，
右腳略收虛立；隨即以右拳背領氣領身，沿順時針縱立圈
路線後上前下彈性圓轉一圈，再換左手背領氣，同樣後上
前下彈性圓轉一圈，同時鬆腰塌腰，氣貼脊背，立圓轉
腰，兩腎抽換。（圖 15～圖 17）

圖 15

圖 16

圖 17

7. 提腿震腳金剛捶

左手轉畢，左腿中定氣沉好，然後以右拳背領氣，先逆纏向上彈性掤開，同時領右腿屈膝上提掤頂，左手背暗

圖 18

圖 19

暗向下彈性按開，成一氣上下對開獨立勢；再順纏折疊翻
轉向下彈性搗捶砸於左手心內，同時領右腿鬆氣鬆落鬆震
腳，重心不變在左腳，氣聚丹田，周身合勁，陰陽重合，
成金剛搗碓定勢。（圖 18、圖 19）

【練法要點】

金剛搗碓屬四象生八卦，內含五行和六合，充分體現
了混元太極拳式的豐富內涵和練法特點。

五行指進退顧盼定，如動作 2 的定步左顧右盼捋引；
動作 5 的上步進身右勾拳；動作 6 的重心後移收右步；動
作 7 的搗捶震腳中定勢。

六合指心意六合和方位六合，即以心意支配六合，以
六合貫穿心意；前後左右和上下，一氣中正彌六合。

八卦指拳有八勢，氣行八脈。八勢即掤、捋、擠、
按、採、挒、肘、靠，如動作 1 橫立圈的掤、捋、按、
擠；動作 2 的捋中寓挒；動作 3 的腿手分挒；動作 4 橫立

圈的肘拿捋採；動作 5 的上步勾拳掤靠。八脈即任督帶沖，陰陽蹺維（兩臂腿纏絲運行手足三陰三陽經）。

金剛搗碓一式包括了橫立圈、水平圈、縱立圈三個基本圈和提腿震腳上下開合圈。

動作 1 的順時針橫立圈要由中而轉，圓滿圓活圓到位，注意不要揚肩抬肘。

動作 2 的顧盼折疊左右平圈要由中而轉，在產生旋轉離心力的同時保持中正穩定的向心力。左捋時注意不抬左肘，右捋時注意不抬右肘。

動作 3 鏟腳捋手的腿手分行要由中而分。兩腳左虛右實、不在一條線上以保持穩定角；襠部開圓、上虛下實以保持穩定性；頭不右轉，眼神心意左顧為主，兼顧右、前、後，以保持前後左右中正對稱穩定。

動作 5 的上步勾拳上掤要由中而掤，掤而中正，沉氣到腳，上下對稱，前後匹配，中定不偏。

動作 6 的往回鬆引蓄勢要向中而回，回而守中，眼神收斂，前後對稱，中正不倚。輪轉立圈時要由中而轉，旋腰轉腎，圓滿圓活，彈性放長，不揚肩，不抬肘，不搖晃。

動作 7 獨立開勁時要由中而開，上下對稱，前後均衡，上虛下實，中定沉穩，不歪不斜，不抬右肘。搗捶震腳時要沉氣合中，鬆氣震腳，坐胯圓襠，前後相當。不可用力跺腳，片面追求震響聲。也可鬆氣鬆落不震腳。

【行氣要點】

炮捶的無極起式和金剛搗碓，不是柔拳系列的簡單重複，而是整套炮捶的運氣準備，故練法要求不盡相同。由丹田開合、轉圈運氣、彈性伸縮、鼓蕩充身、斂神聚氣和

最後一搗，將周身之氣都集中到丹田，達到聚集內氣動能、積蓄內勁彈能的目的，為後面的拳式運動做好準備。

金剛搗碓所行的橫立圈、水平圈、縱立圈，分別與兩側沖脈、腰腹帶脈、前後任、督兩脈相對應。以意行氣時，要拿住丹田轉氣圈，不離丹田運開合。

動作 1 和動作 4 的順轉橫立圈是以左升右降氣運沖脈為主，並混合氣運帶脈左右轉腰。

動作 2 的左右折疊水平圈是氣運帶脈先左轉一圈回丹田，再右轉一圈回丹田，形成左顧右盼折疊捋引勁。

動作 3 腿手分行時意注丹田一氣由中分行到兩手與左腳，由中沉氣到右腳，同時意由祖竅內吸兩手捋。

動作 5 是右手用意抓閉聚氣、勾拳上掤的同時，引氣由會陰上行至上丹田。

動作 6 的輪轉縱立圈是兩次氣運任督後上前下通周天。

動作 7 先是提拳提腿一氣分行開丹田，然後鬆氣震腳搗捶合丹田。

【用法要點】

本式是三個方向混元圈的陰陽五行八法組合用法，並由旋轉離心力來發揮作用。

動作 1 的橫立圈為掤、捋、按、擠順序，運用時先順勢向右化引對方（陰），再折疊向左邊順時針轉圈邊纏拿彼臂，利用旋轉離心力的切線變化方向將對方或掤或捋或按或擠出去（陽）。

動作 2 的左轉平圈是左顧捋法，先順勢向右化引對方（陰），再纏拿彼臂折疊左顧轉圈，利用平轉離心力將對方向己身左後方捋出去（陽）。

動作 5 的合手右勾拳是橫中豎、陰中陽用法，即左合手是纏拿向右的橫勁（陰），右勾拳是向前上掤的豎勁（陽）。

動作 6 的輪轉縱立圈為掤、擠、按、将順序，右拳先順勢沿後上弧線逆纏屈臂掤化擎引彼身（陰中寓陽），再變順纏向前下方即對準對方臉面和體前中線立轉一圈（也稱滑拳、劈砸炮），從而形成纏拿旋轉離心反彈力將對方鬆放出去（陽中寓陰）。左手用法同理。

動作 7 的金剛搗碓，右拳、左手的上下對開是用開勁化拿擎引對方（陰陽相開）；右拳順纏搗碓是用合勁將對方鬆放出去（陰陽相合），也是劈砸炮用法。亦可用拳砸擊對方來手之脈門；用腳震踏對方腳面。

第三式　懶紮衣

1. 抱拳斜轉縱立圈

接上式。左手虛抱右拳，先用意領氣領身，斜向右前方鬆氣蓄引一下右轉腰，同時重心右移右腳實；再折疊往回沿左後上、右前下的斜縱立圈路線（西南與東北斜方位）圓活旋轉一圈回到左下方沉氣蓄勢，同時腰身先左後右再左轉，兩腿順逆互纏，重心左右互換回到左。（圖20、圖21）

2. 左腳開步雙開勁

上動不停。左手領氣，以肘為軸先順纏向左（東）鬆開鬆引，再沿橫立圈的左上弧線逆纏折疊向右（西）畫弧

圖 20

圖 21

橫捋右轉腰（胸朝西南），同
時兩腿右順左逆，重心右移，
右拳鬆手順纏屈臂合於左臂彎
處；隨即兩手領氣領身領左
腳，側身開步開勁左轉腰：即
左手不停，手心朝下沿橫立圈
右下弧線經右手臂下方向左
（東）橫開，右手逆纏，手心
朝下沿橫立圈左上弧線經左手
臂上方向右（西）橫開，同時
左腳向左（東）橫開步，當左

圖 22

腳一落步，即腰身左轉（胸朝南），兩腿左順右逆開襠圓
胯，重心左移，左腳踏實右腳虛，兩手臂開至兩腿上方，
成上下相隨雙開勁。（圖 22）

3. 纏絲轉合收右步

接著，右手先向左下方鬆氣蓄引一下，並領腰身微左轉；再領氣領身，沿左上右下順時針橫立圈路線先逆後順纏繞一圈合至左腹前，同時腰身先右轉再折疊左顧閃轉，兩腿順逆互纏並隨重心左移，右腳向左腳旁騰挪虛收步，左手先逆後順，沿橫立圈左上弧線屈臂轉合到右胸前，成上下相隨雙合勢，似彈簧捲繞一般周身蓄勁。（圖23）

4. 右轉平圈開右步

最後，右手用意折疊領氣領身領右腳，橫向右（西）開步轉腰平轉圈，當右腳一落步，即重心右移沉氣踏實，坐胯圓襠成右弓馬步，腳尖斜朝西南，右手先逆後順開到右腿上方伸臂坐腕，上下三節對準相合，左手屈臂合於臍下腹前，手心斜朝上，似彈簧開捲一般周身開勁，而又開中合勁，周身混合成圓，氣聚丹田，守中定勢（胸朝南偏西）。（圖24）

【練法要點】

炮捶的懶紮衣是閃展騰挪、腿手並用的活步練法。練習時，要由中轉圈，擇中開合，中正對稱，中定圓活。

動作1是定步的抱拳斜轉縱立圈運動。

動作2是右盼左顧的橫立圈開合運動。

動作3是左顧閃身的橫立圈開合運動。

動作4是折疊右盼轉身的水平圈運動。

【行氣要點】

動作1的斜轉縱立圈是氣運任督後上前下通周天的同

圖 23

圖 24

時，氣轉帶脈回丹田。

動作 2 的橫立圈開合是氣運沖脈左升右降的同時，氣轉帶脈開丹田。

動作 3 的開合橫立圈是氣運沖脈左升右降的同時，氣轉帶脈合丹田。

動作 4 的右轉水平圈是氣運帶脈右轉一圈回丹田。

每一圈都是繞丹田中心的內外合一、周身一家的混元氣圈，轉畢都要鬆氣回丹田，陰陽混一氣。

【用法要點】

動作 1 的斜縱立圈是典型的運用旋轉離心反彈力的立圈縱放屈伸法，其中上半圈為掤法掤勁，下半圈為捋法捋勁。

動作 2 的左手圈是纏引橫拿捋，屬橫破直；開步開手為腿手並用的摔法。

動作 3 的開合橫立圈有兩用，一是纏絲轉拿的合手擒

捌法；一是纏絲轉引落空法。

動作 4 的右轉平圈是腿手並用旋捌法，即承接動作 3 的纏引落空之勢，右腿順勢進彼襠封住彼右腿，右手臂順勢進身貼住對方右側腰背向右轉圈，利用旋轉離心力和腿手配合捌使對方跌出。

上述是合步用法，也可順步運用。

第四式　封閉捶

1.轉圈抓採收右步

接上式。兩手用意領氣領身，先向左下方放鬆蓄引左轉腰，同時兩腿左順右逆，重心左移；再各在原位沿左上右下順時針橫立圈路線先逆後順圓活轉一圈，即右手在右腿上方纏絲旋轉一大圈，左手在腹前纏絲旋轉一小圈，同時腰身右旋左轉，兩腿順逆互纏，重心右移左換；轉畢，兩手領身，先沿橫立圈的左上弧線斜向右前上方（西南）伸臂掤展右轉腰，再抓氣虛握拳，沿右下弧線向左側方向捋採，同時領腰身折疊左顧閃轉，重心由右換到左，右腳騰挪虛收步蓄住勢（落地不落地均可）。（圖 25～圖 27）

2.雙捶按發斜上步

隨即，兩拳領氣領身領右腳，斜向右前下方（西南）上步進身斜按發，當身到步到右腳一踏實，左腳即跟步貼地震踏，勁起足根發出彈按勁。右腳為實，腳尖正朝南，左腳虛立右腳旁，腳尖斜朝東南成左側虛步（胸朝南），兩拳兩腳、兩肩兩胯上下相合，封閉定勢。（圖 28）

圖 25

圖 26

圖 27

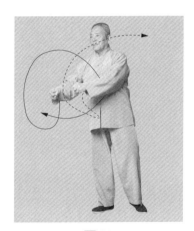

圖 28

【練法要點】

　　炮捶的六封四閉是左顧右盼、閃展騰挪、腿手並用、雙捶按發的活步練法，故稱封閉捶。六封四閉源自太極八卦體象之理，即二四為肩，六八為足，五居中位。「六

封」指兩腿兩足封合，「四閉」指兩肩兩拳閉合，即拳
到、身到、步到的上下同時封閉到位；而又六封四閉五中
定，即由中而發，發而至中。

練習時，一要注意捋採與收右步同步，發勁與左跟步
同步；二要注意斜上步按發的角度和重心不升起的中正穩
定度。

【行氣要點】

封閉捶有兩次運氣，一是轉圈運氣，一是抓閉運氣。

轉圈運氣是氣運八脈轉丹田，由纏絲轉圈運氣，使氣
充貫全身。

抓閉運氣是採氣抓閉聚丹田，由採氣、抓氣、閉氣、
聚氣，周身敷氣蓋勁，為雙捶按發聚集內氣動能，積蓄內
勁彈能。

按發時，意注膻中和會陰，閉氣進步斜按釋放氣能彈
能。

閉氣是閉住丹田之氣，不是呼吸閉氣，即用心意將氣
收回丹田，只能往裏收不能放出，如同關閉水閘一樣，使
內氣不出，外氣不入，也叫聚氣、伏氣。凡拳式中的抓閉
運氣都是這樣，以後不再複述。

【用法要點】

封閉捶為一式三用，一轉引掤發，二左顧捋採，三右
盼按靠。

轉引掤發是運用纏絲混元圈的旋轉離心力化引拿發對
方。

左顧捋採既是折疊捋採法，即先向右前上方引出對方
反作用力，再順勢折疊向左捋採對方；也可作為下一勢右

盼按靠的引進落空勢；亦可腿手並用左顧捋採，即兩手左顧捋採對方之手的同時，用右腳左顧勾捋對方之前腳。

　　右盼按靠是兩個斜方向合成的腿手並用法，即上承左顧捋採的引進落空之勢，我之右腳順勢斜進步套封彼之前腿，同時步到身到收左步（此為六封），兩拳斜按並肩靠（此為四閉），將對方封閉按靠出去。而靠中又寓肘靠、胯靠、腿靠等諸靠變化。

第五式　單鞭勢

1. 右合左開斜轉圈

　　接上式。兩拳先鬆手鬆氣鬆垂，再兩手用意領氣領身順纏右合右轉腰：即右手以肘為軸，沿橫立圈的右上弧線順纏旋繞屈臂合於左手上方左胸前，左手伸臂合於右手下方右腹前；兩手不停，再領氣領身沿橫立圈路線逆纏對稱斜開左轉腰，即左手沿右上弧線經右手臂外側斜向左前上方逆纏掤開，右手沿左下弧線經左手臂內側斜向右下方逆纏坐腕按開，重心不變在右腿，兩腿隨腰左順右逆。（圖29）

2. 上開下合橫立圈

　　上動不停。左手領氣領身，沿左下弧線向右下方與右手順纏交合右轉腰，左手在

圖29

圖 30

圖 31

外，右手在裏；然後，兩手領氣領身上開下合橫立圈左右轉腰，即左手沿右上弧線、右手沿左上弧線逆纏上開左轉腰，再左手沿左下弧線、右手沿右下弧線順纏下合右轉腰，兩手交合，右手在上，左手在下，手心皆朝上；重心不變在右腿，兩腿隨腰順逆互纏。（圖 30～圖 32）

3. 纏絲旋腕勾手鞭

隨即，右手鬆腕領氣，在左手上方沿逆時針平圈路線折疊纏絲旋繞一小圈變勾手，以腕背領氣似鞭一樣斜向右上方（西南）畫弧伸展彈性掤開，同時領腰反向左轉，左腿外旋，左手屈臂領氣對稱拉開至臍下小腹前。（圖 33）

4. 纏絲提腿左開步

右腿中定氣沉好，先左膝領氣纏絲提腿裏合，再左腳領氣橫向左側方向（東）鏟腳開步，腳尖斜朝東南；當左

圖 32

圖 33

圖 34

圖 35

腳一到位，左手背用意領氣領身向左彈性鬆開左轉腰，同
時兩腿左順右逆，重心左移成左弓馬步，一氣開發充全
身。（圖 34～圖 36）

圖 36

5. 氣轉丹田左單鞭

當氣充貫全身，左手即領氣返回丹田，並在臍腹前圍繞丹田中心右上左下、先逆後順圓活纏繞一圈（手心始終朝向肚臍而轉），同時領腰胯臀腹左右旋繞，兩腿順逆互纏，重心左右互換，似彈簧捲繞一般；轉畢，左手領氣領身，先順纏向右上方穿引蓄合至右臂彎處右轉腰，同時兩腿右順左逆，重心右移；再逆纏折疊翻掌，沿水平圈前弧線向左（東）彈性展開左轉腰（胸朝南偏東），同時兩腿左順右逆，重心由右換到左成左弓馬步，似彈簧開捲一般由腳依次傳遞到左手鞭梢形成鞭彈勁；左手開至左腿上方順纏坐腕，上下三節對準相合，周身開中合勁，整體混合成圓，氣聚丹田，守中定勢。（圖37、圖38）

【練法要點】

單鞭是左右兩儀單鞭勢，由兩種步型的纏絲混元圈組

圖 37　　　　　　　　　　　圖 38

成，一是左側虛步的雙手開合轉圈勾手右單鞭，二是左弓
馬步的左手轉圈左單鞭。共有 6 個圈，即雙手斜開合纏絲
圈、雙手上開下合纏絲圈、右纏絲旋腕勾手圈、左纏絲提
腿鏟腳圈、左手纏絲氣轉丹田圈和左手折疊纏絲左轉平開
圈。

　　單鞭指意氣與手臂似鞭子一般折疊運動，氣出丹田，
勁由足起依次傳遞到鞭梢形成彈性鞭子勁。

　　【行氣要點】

　　單鞭式屬開合纏絲轉圈運氣法，合丹田，開丹田，一
開一合，轉圈運氣貫周身，纏絲行氣通經絡，為單鞭手積
蓄氣能彈能做準備。如：斜開合纏絲氣運沖脈轉帶脈→上
開下合轉圈轉氣運沖脈→纏絲旋腕一氣開合轉帶脈→提腿
裏合、開步開手氣充全身→氣回丹田、纏絲旋繞開合聚氣
蓄彈能→右引蓄合、折疊左開氣轉帶脈鞭彈勁。

【用法要點】

動作 1 的右合為纏絲拿梢斷彼根，左開為順勢旋轉挒對方，即由旋轉離心力將對方挒出去。

動作 2 的上開下合既是反擒拿法，又寓挒捋按捯法。其中上開為挒捋，即挒擎彼身斷彼根，雙手分捋引使進；下合為按捯，即順勢下按，擒拿捯合。

動作 3 的纏絲旋腕為纏絲小擒拿；勾手是順擒拿彼腕之勢以手腕背挒擊對方頸喉、下頜、臉面，也可用勾手鞭彈對方。

動作 4 的提腿為膝挒頂；鏟腳是腿手並用捽法；左手向左鬆開是腿手並用的肩肘手腕與膝靠。

動作 5 的左手纏繞轉圈是纏絲小擒拿；左手左轉平開是腿手並用的單鞭大擒拿，既有鞭彈勁，又有肩靠、肘靠、腿手捯。右勾手亦可配合抓筋拿脈。

第六式　左右搬攔捶

1. 雙手反轉橫立圈

接上式。兩手用意領氣領身，先向右下方畫弧蓄引右轉腰，同時兩腿右順左逆，重心右移；再沿逆時針橫立圈路線右上左下圓活旋轉一圈，兩手先左逆右順纏再折疊變左順右逆纏，同時腰身隨之左旋右轉，兩腿隨之順逆互纏，重心隨之由左回右。（圖39～圖41）

2. 活步左行抓閉圈

上動不停。兩手再左逆右順領氣領身，沿橫立圈的右

圖 39

圖 40

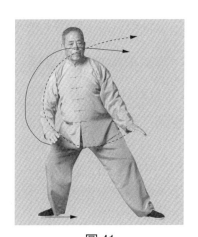

圖 41

上弧線向左上方（東）伸臂掤展左轉腰，同時重心左移，
右腳向左腳旁騰挪虛收步；隨即，兩手邊用意抓氣虛握
拳，邊沿橫立圈的左下弧線向右（西）採收蓄住勁，同時
領重心換到右腳，腳尖正朝南，左腳向左（東）橫開步，

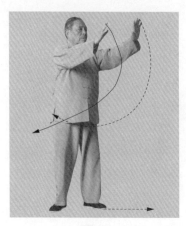

圖 42　　　　　　　　　　　圖 43

腳尖斜朝東南，腰微右轉沉住氣。（圖 42、圖 43）

3. 雙拳橫向左搬攔

緊接著，兩拳眼領住周身之勁，沿水平圈前弧線折疊橫向身體左側後方（東偏北）屈臂搬攔，同時領腰左轉旋抖（胸朝南偏東），兩腿左順右逆，氣出丹田，勁起足根，由中發出崩彈勁。左拳順纏，拳眼朝體後，拳心朝上，右拳拳眼朝左胸，拳心朝下；兩腳左實右虛，中正渾圓定勢。（圖 44）

4. 雙手正轉橫立圈

兩拳鬆手，先向右下方鬆氣蓄引右轉腰，同時兩腿右順左逆，重心右移；再兩手領氣領身折疊回左沿順時針橫立圈路線左上右下圓活旋轉一圈，兩手先右逆左順纏再折疊變右順左逆纏，同時腰身隨之左旋右轉再左旋，兩腿隨

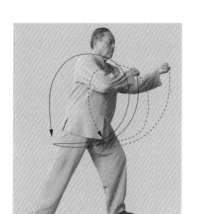

圖 44

圖 45

之順逆互纏，重心隨之左右互換回到左側。（圖 45）

5. 活步右行抓閉圈

上動不停。兩手再右逆左順領氣領身，沿橫立圈的左上弧線向右上方（西）伸臂掤展右轉腰，同時重心右移，左腳向右腳旁騰挪虛收步；隨即，兩手邊用意抓氣虛握拳，邊沿橫立圈的右下弧線向左（東）

圖 46

採收蓄住勁，同時領重心換到左腳，腳尖正朝南，右腳向右（西）橫開步，腳尖斜朝西南，腰微左轉沉住氣。（圖 46、圖 47）

圖47

圖48

6.雙拳橫向右搬攔

緊接著，兩拳眼領住周身之勁，沿水平圈前弧線折疊橫向身體右側後方（西偏北）屈臂搬攔，同時領腰右轉旋抖（胸朝南偏西），兩腿右順左逆，氣出丹田，勁起足根，由中發出崩彈勁。右拳順纏，拳眼朝體後，拳心朝上，左拳拳眼朝右胸，拳心朝下；兩腳右實左虛，中正渾圓定勢。（圖48）

【練法要點】

左右搬攔捶由兩次轉氣橫立圈、兩次抓閉橫立圈和兩次搬攔水平圈組成，配合步法而形成左右兩個方向的活步橫向運動，即橫的手眼身步圈法，亦稱左右開拓橫進法，如眼是橫顧盼，圈是橫立圈，步是橫行步，身是橫進身，捶是橫搬攔。

除了活步橫向運動的練法外，還有一種跳步橫進練法。

【行氣要點】

轉氣橫立圈是氣運沖脈，使丹田混元氣鼓蕩貫通全身。其中反轉橫立圈是氣運沖脈右升左降，正轉橫立圈是氣運沖脈左升右降。

抓閉橫立圈是採氣抓閉與氣轉沖脈相結合的運氣法，使後天之氣與先天之氣在體內混融閉合、混化激蕩，以增強氣能，積蓄彈能，為搬攔捶做準備。

搬攔水平圈是閉氣運轉帶脈發勁，結合鬆腰旋抖的氣出丹田（內力）和勁起足根的大地反作用力（外力），內外合一地將意、氣、勁傳遞到兩拳梢節發出搬攔崩彈勁。

【用法要點】

左右搬攔捶是古拳譜中「搬格橫採」典型拳法，「搬格」即左右搬拳擊打和格擋，「橫採」即抓閉橫立圈的抓採。亦是「十八打」中的橫打法，也屬橫破直法。既可用於單打，也可用於群戰，即一式兩用，左右雙打。

從字義上來說，搬是移動、搬開，攔是遮攔、阻擋。從拳法上來說，搬攔有兩個含義，一是攻防配合的搬中有攔，搬是攻擊、打擊，攔是防守、攔截。二是腿手配合的上搬下攔，上搬是用捶橫打彼上身，下攔是用腿封攔彼下盤。運用時，雙捶先順對方來勢向右（左）蓄引，在牽梢斷根引落空的前提下折疊橫著平向左（右）後方即對著對方上身旋擺發動，同時左（右）腿順勢進步進身攔住對方下盤，在腿手並用的旋轉離心反彈力和上搬下攔的共同作用下，產生搬中有攔、橫中有格的作用點和方向，使對方傾跌。

參見用法圖 1、用法圖 2。

用法圖1　　　　　　　　用法圖2

第七式　轉身護心捶

1. 轉圈翻身護心捶

接上式。意、氣、體先暗暗向上虛領蓄提，再快速向下沉氣蹲身並蹬地，借大地反作用力和自身反彈力，兩拳用意領氣領身，向左後方騰身轉體轉圈：即兩拳左先右後依次沿左前下、右後上的混元圈路線轉圈掛擺，左拳為掛，右拳為擺，同時領身騰起向左後轉體135°後下落（胸朝東北）。

下落時，左腳先落地踏實為後步，腳尖斜朝北偏東，右腳後落地虛立為前步，腳尖正朝東；兩拳轉過來護中線，左拳在下護腹，右拳在上護胸，拳眼皆朝上，拳心皆朝裏。（圖49～圖51）

圖 49

圖 50

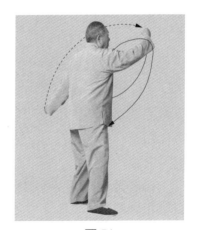

圖 51

2. 左擺右攢護心捶

接著，先右拳領氣領身，向左下方逆纏畫弧蓄引左轉
腰，同時兩腿左順右逆，重心後移左腳實；再右肘領氣領

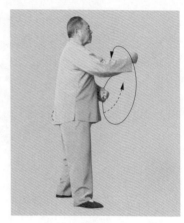

圖 52   圖 53

身，斜向右後下方折疊順纏掛肘右轉腰，同時左拳領氣，
沿左上弧線斜向前上方擺拳，兩腿右順左逆，重心前移，
右腳踏實；然後右拳聚集全身之氣由後經胸前中線向前上
方（東）攢擊左轉腰，同時左拳領氣，由前經右拳下方往
回收至腹前，兩腿左順右逆左腳實、勁由足起發出掤彈
勁；右拳心朝裏護心，左拳心朝裏護腹。（圖 52、圖 53）

【練法要點】

轉身護心捶屬反身顧後法。護心者，護衛己心的同時
聚氣攢勁擊彼心。本式有兩次護心捶，一是翻身護心捶，
一是定步護心捶，體現了陰陽動靜剛柔快慢的兩儀特徵。

翻身起跳是沉氣蹬地的大地反作用力和虛領騰身的自
身反彈力以及轉圈領身的旋轉離心力三者的共同作用結
果。其中自身反彈力是重要因素，氣能彈勁充足則身似彈
丸自然彈起。沉氣蹬地時亦可意領兩腳跟虛虛踮起再震踏
蹬地，或意氣兩腳騰挪離地再震踏蹬地，似腳底炸雷自然

蹦起。落地時要輕靈沉穩有彈性，注意兩腿的緩衝以減弱衝擊力對自身的影響。

　　老年人可不跳，先提左腳轉身落步，再提右腿向前落步。步雖不跳，但要有下沉、升起、轉體的彈性騰挪之意。

　　【行氣要點】

　　翻身護心捶之圈是立體三維的混合運氣圈，即橫立圈、縱立圈、水平圈三個基本圈混合一圈，氣同時循帶、沖、督、任、蹻、維運行，即自右向左運帶脈、右上左下運沖脈、後上前下運督任，上下循環運蹻維，氣如車輪催身跳步左轉體。

　　定步護心捶之圈是氣運帶沖為主、兼運任督的運氣圈，聚氣蓄勁，為發捶做準備。右拳攢擊是將全身之氣聚成一粒，並與勁發於根的大地反作用力合而為一，力發一點。

　　【用法要點】

　　護心捶屬古拳譜中「攢心剁肋」典型拳法。攢者，聚積而擊也，即捶自心出，勁起腳根，氣聚一粒，力發一點，對準彼心而擊。

　　動作 1 的翻身護心捶寓反擒拿、反摟抱、轉身摔、回身打。

　　動作 2 定步護心捶的右掛肘左擺拳既是橫中有豎化中打，即右掛肘為化引，左擺拳為橫打，腳踩中門右弓步為豎。又可牽梢斷根引落空，然後右拳順勢攢擊彼心合即出，將對方彈發出去。

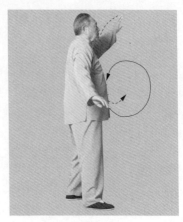

圖 54　　　　　　　　　　　圖 55

第八式　進退攔手炮

1. 側身開合纏絲圈

　　接上式。兩拳鬆手，先向右前下方鬆氣，鬆落，鬆蓄引，同時領重心前移，右腳踏實；再兩手用意領氣領身，沿逆時針斜縱立圈路線前合後開側身纏絲斜轉圈：即右手沿前上弧線順纏屈臂轉合到左胸前右轉腰，左手順纏合到右腹前，再左手逆纏沿前上弧線經右臂外側斜向左後上方（西偏北）開展左轉腰，右手逆纏沿後下弧線經左臂內側斜向右前下方（東偏南）開展，同時兩腿左順右逆開襠，重心後移成左後坐步（胸朝北偏東）。（圖 54、圖 55）

2. 雙分捋採收右步

　　上動不停。由開變合，即左手順纏，沿後下弧線向前

圖 56

圖 57

轉合至右手下方右轉腰，右手
順纏，沿前上弧線轉合到左手
上方，同時領重心前移，周身
沉氣蓄住勁；接著由合再開，
即兩手領氣領身，先向前上
掤，再沿橫立圈的左右兩側弧
線逆纏雙開分捋身後退，同時
領左腳先轉正，再重心後移左
腳踏實，右腳收於左腳旁虛立
（胸朝東）；兩手不停，向下
暗暗抓採虛握拳至身體兩旁蓄
住勁。（圖56～圖58）

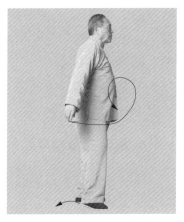

圖 58

3. 斜退一步攔手炮

　　然後，右拳先用意領氣領身，沿逆時針斜平圈路線反

圖 59　　　　　　　　圖 60

轉一圈左轉腰，當右拳屈臂回攔時，左拳即折疊領氣領身，沿順時針斜平圈左弧線斜向右前上方（東南）伸臂擺拳右轉腰（胸朝東南）；同時領右腳向後斜退步（西偏南），重心後移身後退，左腳收步貼地震踏發出擺彈勁。（圖 59、圖 60）

4. 斜退二步攔手炮

接著，左拳先沿右弧線往回鬆氣蓄引左轉腰，再領氣領身，沿順時針斜平圈路線正轉一圈右轉腰，當左拳屈臂回攔時，右拳即折疊領氣領身，沿逆時針斜平圈右弧線斜向左前上方（東北）伸臂擺拳左轉腰（胸朝東北）；同時領左腳向後斜退步（西偏北），重心後移身後退，右腳收步貼地震踏發出擺彈勁。（圖 61）

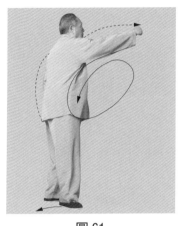

圖 61　　　　　　　　圖 62

5. 斜退三步攔手炮

　　然後，右拳先沿左弧線往回鬆氣蓄引右轉腰，再領氣領身，沿逆時針斜平圈路線反轉一圈左轉腰，當右拳屈臂回攔時，左拳再折疊領氣領身，沿順時針斜平圈左弧線斜向右前上方（東南）伸臂擺拳右轉腰（胸朝東南）；同時領右腳再向後斜退步（西偏南），重心後移身再退，左腳再收步貼地震踏發出擺彈勁。（圖 62）

6. 斜進一步攔手炮

　　接著，左拳沿右弧線往回鬆氣蓄引左轉腰，再領氣領身，沿順時針斜平圈路線正轉一圈右轉腰，當左拳屈臂回攔時，右拳即折疊領氣領身，沿逆時針斜平圈右弧線斜向左前上方（東北）伸臂擺拳左轉腰（胸朝東北）；同時領左腳向前斜進步（東偏北），重心前移身前進，右腳跟步貼地震踏發出擺彈勁。（圖 63、圖 64）

圖 63

圖 64

7. 斜進二步攔手炮

然後，右拳再沿左弧線往回鬆氣蓄引右轉腰，再領氣領身，沿逆時針斜平圈路線反轉一圈左轉腰，當右拳屈臂回攔時，左拳再折疊領氣領身，沿順時針斜平圈左弧線斜向右前上方（東南）伸臂擺拳右轉腰（胸朝東南）；同時領右腳再向前斜進步（東偏南），重心前移身前進，左腳跟步貼地震踏發出擺彈勁。（圖65）

圖 65

8. 斜進三步提震腳

接著，兩拳鬆手、鬆氣、鬆落左轉腰，然後左手折疊

圖 66

圖 67

領氣領身，沿順時針斜平圈左
弧線斜向右前上方（東南）轉
圈攔手右轉腰（胸仍朝東
南），同時領左腳斜向前（東
偏北）進步進身踏實，腳尖朝
東偏南，以身領右腳向左腳旁
騰挪收步虛立；當左腳沉氣踏
實，左手即領氣，沿體前中線
向下按攔，同時右手領氣領右
膝對稱向上屈提蓄勢，成一氣
上下分行的攔手護襠獨立勢；

圖 68

隨即，右手掌沿用意領氣向下斬手攔截，同時領右腿向下
鬆氣、鬆落、鬆震腳，右腳尖朝東南，成陰陽相合一氣的
斬手震腳攔截勢。（圖 66～圖 68）

【練法要點】

進退攔手炮是散手炮拳法。其特點是，步以連退連進的左顧右盼為主，拳以左右攔截的連環擺拳為主，圈以順逆時針的斜平圈運動為主，可以往復單操。其要點是，拳以步為驅使，步以圈為進退，手、眼、身、步圈皆以陰陽折疊為轉換。

退步時，意注祖竅，退顧身前，祖竅是退步竅；說退就退，步退身退圈退，一退全退；邊退邊攔邊擊，退中攔擊，攔中退擊；又要斜中寓正，退而至中正。

進步時，意注會陰，催身而進，會陰是進步竅；說進就進，步進身進拳進，一進全進；邊進邊攔邊擊，進中攔擊，攔中進擊；又要斜中寓正，進而至中正。

退步收步發勁時，收步之腳可不貼地震踏；進步跟步發勁時，跟步之腳亦可不貼地震踏。但總要鬆腰旋抖，氣出丹田，勁發於根。也可不發勁，只是意發，不使心勁。

【行氣要點】

側身斜開合纏絲圈是氣運任督兩脈為主、兼運帶沖蹻維的混合運氣法。

雙分捋採抓閉圈是上下前後左右的開合丹田聚氣法，即沿兩側沖脈、腰腹帶脈和前後任督兩脈將周身之氣聚至丹田，並閉住充貫全身，敛氣蓋勁，為攔手炮做準備。

左右攔手炮轉圈是氣轉丹田轉帶脈運氣法，而且是順逆折疊氣轉帶脈法，即前一個氣轉帶脈圈是為後一個反向帶脈圈聚集氣能動力，積蓄轉動勢能；後一個反向氣轉帶脈圈則是釋放氣能勢能，加大旋轉動能，也是彈勁鬆放用氣法。

　　另外也可採用抓閉放鬆混合運氣法來轉圈運氣擺拳，即擺拳後將拳鬆開，鬆氣、鬆手、鬆身，再用意抓氣握拳、閉氣聚氣後轉圈運氣擺拳。

【用法要點】

　　進退攔手炮屬腿手並用的連環進退打法。

　　動作 1 的側身斜開合纏絲圈是纏絲拿挒法。前合為纏絲拿合引落空，側身後開為順勢纏挒開對方，將其挒出去。

　　動作 2 的雙分挒採橫立圈是掤挒之中寓採法。先雙手相合向上掤擊彼身斷彼根；再雙手順勢左右雙分挒引對方，同時己身後退收右步使其落空；再變採手抓採對方梢節使其傾跌。

　　動作 3 至動作 8 的進退步攔手炮是左右折疊橫打法，結合斜行連退連進步形成左顧右盼、閃展騰挪的連環攔手炮。用於散手，左攔右打，右攔左打，左顧右盼，攔中有打；退步攔打，進步攔打，閃展騰挪，邊攔邊打。用於推手，前手變後手是攔截化引，即前手既是攔手截勁法，也是橫破直的化引落空法，屈臂回攔為纏拿梢節掛引法；後手變前手是擺拳橫擊，即承前手折疊引進落空之勢，後手順勢擺拳橫擊將對方彈放出去。

第九式　斜行拗步

1. 提腿開步斜伸展

　　接上式。先右手用意領氣領身，沿逆時針橫立圈的右上左下路線左右轉腰圓活轉一圈，當沿左下弧線經體前中

圖 69

圖 70

線逆纏坐腕按挷回至右下方右轉腰時，左手即領氣，沿橫立圈左上弧線順纏屈臂立掌右挷至胸前護中；同時領兩腿順逆互纏，重心換至右腳踏實沉住氣，然後左膝領氣纏絲提腿裏合，再換左腳領氣斜向左側方向（東北）鏟腳開步，腳尖正朝東，同時右手領氣，斜向右側方向（西南）伸展，成左腿右手一氣分行斜伸勢。（圖 69、圖 70）

2. 拗步斜行斜轉圈

接著，兩手先向右下方鬆氣、鬆落、鬆蓄引，再以右手為主領氣領身領兩腳，斜向左前方向（東北）拗步斜行斜轉圈：即右手先沿斜橫立圈的右後上弧線斜向左前上方（東北）順纏掤引左轉腰，同時領重心左移身斜進，左腳踏實右跟步；再折疊往回沿斜橫立圈的左前下弧線斜向右後下方（西南）逆纏挷引右轉腰，同時左手領氣，沿左前上弧線順纏屈臂往回斜挷至胸前再護中，並領重心右換至右腳沉氣踏

實，左腳反向左前方向（東北）斜行上步成右後坐步，左腳尖正朝東。（圖 71）

3. 左轉勾手立掌擠

上動不停。先左手沿右後下弧線逆纏下按沉氣，同時右手領氣，沿右後上弧線順纏旋繞屈臂合至右肩蓄勢；再左手沿下弧線經襠前畫弧至左膝變勾手，以腕背領氣斜向左前上

圖 71

方（東北）掤領，同時右手立掌領氣領身，由後向正前方（東）彈性伸擠左轉腰（胸朝東）；重心前移身前進，左腳踏實左弓步，右腿逆纏虛蹬展，形成斜中寓正的由足而腿而腰而手的彈性左掤右擠勁。（圖 72、圖 73）

圖 72

圖 73

4. 左顧右盼拗步擠

接著,右手領氣領身,先向右下方鬆引蓄勢右轉腰、重心右移;再順纏折疊,沿逆時針平圈路線回環左掤左轉腰合至左臂彎內,同時兩腿左順右逆,重心由右回到左,似彈簧反捲一般蓄住勁;然後逆纏折疊,沿順時針平圈路線斜向右掤(西南)右轉腰開至右腿上方(胸朝東南),同時兩腿右順左逆襠開圓,重心右移身後靠,右腳踏實氣沉好,似彈簧開捲一般雙開勁;最後,右手領氣在原位朝原方向(西南)順纏坐腕斜暗擠,同時領腰身反向左擰轉(胸朝東),右腿逆纏虛蹬展,重心反向左轉移成左弓馬步拗步斜擠勁。(圖74~圖76)

【練法要點】

斜行拗步是由定步斜轉橫立圈、纏絲提腿斜開步圈、拗步斜行橫立圈、勾手斜掤前擠圈、左顧掤合斜平圈和右盼斜掤拗步斜擠圈組成。

「斜行」指沿東北和西南兩個隅角的斜線運行,並與胸朝東南斜方位成 90°夾角,即方位是斜的,步法是斜的,所行之圈是斜的,圈隨步斜運,步隨圈斜行,斜行之名由此而得。而又斜中寓正,開中有合,陰中有陽,如右手斜伸與左手護中;步法斜行與左腳扣正;勾手斜上掤與立掌正前

圖74

圖 75　　　　　　　　　圖 76

擠；定勢時兩臂兩腿的斜方向與左弓步和胸的正方位。

　　「拗步」的拗，指逆、反、折，拗步之意是指上下相隨相反運，如兩手向後斜捋引而左腳反向左前斜進步；右手斜向右擠右腿蹬而腰身反向左撐左弓步。

　　【行氣要點】

　　定步斜轉橫立圈和拗步斜行橫立圈是兩手用意領氣交替折疊轉圈的運沖脈、行任督、轉帶脈、升降陰陽蹻維。其中右手氣圈為主沿沖脈右升左降、循督任後上前下、升陽蹻陽維、降陰蹻陰維和反轉帶脈左轉腰；左手氣圈為輔沿沖脈左升右降和正轉帶脈右轉腰。

　　勾手斜掤前擠圈是氣運沖帶任督混合圈，即勾手運沖任、轉腰運帶脈、擠手循督上至夾脊而向前。

　　左、右捋引斜平圈是氣運帶脈左右折疊轉圈，先氣運帶脈反轉一圈回丹田，再氣運帶脈正轉一圈回丹田。

【用法要點】

動作 1 和動作 2 的兩手交替斜轉圈是纏絲拿捋法，其中右手先行是橫勁掤引法，引出對方反作用力和落空點，即以右手為主、左手為輔順勢將對方折疊纏拿按捋出去。若結合左腿屈膝掤頂，就成手捋膝掤的上下兩用法，順勢將對方掤捋出去；若結合左腳反向左前斜上步套封彼腿進彼襠，就成腿手並用的斜行拗步斜分捋，將對方捋摔出去。

動作 3 左轉勾手立掌擠，寓纏拿按化的引誘回沖、腿手並用的摟膝拗步和勾掤迫擠的擎引拿發。

動作 4 為左顧右盼陰陽折疊用法。其中，左轉平圈是拗步折疊纏拿左轉捋的橫破直；右轉平圈寓折疊纏拿右捋發和腿手並用身後靠兩用法。定勢為拗步彈性擠。

第十式　煞腰肘

1. 斜轉橫圈收右步

接上式。兩手先向左下方鬆氣、鬆落、鬆蓄引，再用意領氣領身，沿斜方向的（東北與西南）順時針橫立圈路線左上右下圓活旋轉一圈回到左下方收右步：即兩手先左順右逆纏，沿左上弧線斜向右後上方（西南）轉圈右轉身，再折疊變左逆右順纏，沿右下弧線斜向左前下方（東北）轉圈左轉身，同時領兩腿先順逆互纏，再隨重心由右回到左、騰挪收右步。（圖 77、圖 78）

圖 77　　　　　　　　　　圖 78

2. 腿手分行斜撤步

上動不停。兩手再左順右逆領氣領身，沿斜橫立圈的左上弧線斜向右後上方（西南）伸臂掤展右轉身，同時領重心右換，右腳沉氣踏實，左腳反向左前方（東北）斜撤步。

3. 抓拳回身煞腰肘

上動不停。兩手邊用意抓氣虛握拳邊左逆右順領身，沿斜橫立圈的右下弧線斜向左前下方（東北）採收左轉身，同時領兩腿左順右逆重心左移，氣沉兩腳湧泉蓄住勁；然後，右肘（為主）左拳（為輔）領氣領身，沿左後上、右前下斜方向的（東北朝西南）順時針混元圈路線折疊回身右轉圈，煞腰壓肘左擺拳（胸朝南），右肘拳轉壓至右大腿外側與腿平，拳心斜朝上，左拳擺轉至頭部左側

圖 79　　　　　　　　　圖 80

與額平，拳心斜朝下，同時領兩腿右順左逆螺旋擰鑽、坐胯圓襠，左實右虛，右腳正朝南，左腳斜朝東偏南。（圖79、圖80）

【練法要點】

煞腰肘式有三個特點，一是雙手同向的順時針斜轉圈運動，由收步橫立圈、撤步抓閉圈和煞腰壓肘圈三個圈組成。二是運動方向是沿東北與西南兩個斜方位的斜行步斜轉圈運動，與上一式斜行拗步斜轉圈形成反向運行的兩儀四象勢。三是煞腰壓肘圈是斜中寓正運動，即圈是斜圈，步是斜步，而右腿右腳與胸朝向為正。

煞腰壓肘圈，一要圓到位，即腰襠要開張掤圓，脊背要伸拔裏圓，兩臂要環周抱圓，上下前後左右內外混合成一圓。二要轉到位。煞者，指極度、止住的意思；壓者，指加重、壓住的意思。煞腰壓肘就是腰胯要擰轉到位，有擰到不能再擰之意；肘臂要旋壓到位，有由輕到重、由鬆

到緊的制動之勁。

【行氣要點】

收步橫立圈和撤步抓閉圈兩個圈是氣運沖脈轉帶脈，採氣抓閉聚全身，積蓄氣能、彈能和旋轉動能，為煞腰壓肘做準備。

煞腰壓肘圈是前、後、左、右、上、下六個方位的立體三維混元圈，閉氣煞腰壓肘時氣同時沿任、督、帶、沖、蹻、維轉運，即沿任督後上前下、沿沖脈左升右降、沿帶脈從左轉右、沿蹻維先升後降，閉氣混元，混元一圈。

【用法要點】

動作1的收步橫立圈是腿手並用的轉引閃展落空法，即兩手纏黏彼臂轉引落空的同時閃身左顧、右腳順勢收步勾對方，令彼傾跌。

動作2的腿手分行斜撤步是腿手並用掤挒法，即兩手纏黏彼臂斜向右前上掤的同時，左腿順勢斜撤步進彼襠套封彼腿，將對方掤挒出去。

動作3的煞腰壓肘圈是轉腰轉圈肘按法，轉中按壓，按中抒掛，一圈三用：一是兩手配合的右肘纏拿按抒左擺拳；二是肘膝配合的旋轉肘挒法，即腿進彼襠，肘按彼右腰隙煞腰轉挒；三是過背摔。

第十一式　井攬直入

1. 旋腕攬手右轉體

接上式。先右拳鬆手以腕為軸，用意領氣領身，在原

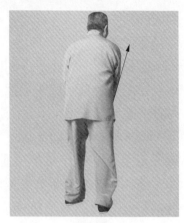

圖 81　　　　　　　　圖 82

位沿順時針平圈路線旋腕纏繞一小圈右轉腰，同時領右腳
先虛靈提起再外旋擺腳落於原位踏實，左拳鬆手、鬆落；
然後四肢全體以丹田中心垂直軸和右腳為轉軸，左手用意
領氣領身，沿順時針平圈路線自左向右後方向攬轉一大圈
並轉體 270°（胸轉朝東），同時領左腳內扣貼地，向右後
方向掃轉一圈至北偏西虛立，與右腳成內八字合襠步，重
心在右腳，左手攬過來屈臂合至右臂上方，全身前後左右
上下一起向中旋擰合勁並向湧泉沉氣蓄住勁，似彈簧捲繞
一般。（圖 81、圖 82）

2. 左拳下按斜穿肘

　　隨即，右手抓氣虛握拳，意注肩井穴，屈肘斜向右後
上方（南）穿頂直射，勁起足根，鬆腰旋抖，似彈簧彈放
一般發出肘彈勁；同時左手抓氣虛握拳，順右臂逆纏直下
發出彈按勁，重心不變仍在右腳。（圖 83、圖 83 附圖）

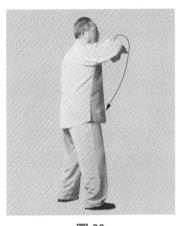

圖 83 　　　　　　　　　圖 83 附圖

【練法要點】

井攬直入是繞丹田中心垂直軸順時針平轉的離心力與向心力統一的旋轉直入運動。「井」喻旋轉運動中心，「攬」指向中心旋轉包攬。「直入」是轉圈直入中心，順勢由中發肘。由纏絲旋腕、攬手轉體和斜穿肘三勢組成。其中，攬手轉圈是大身法，直入穿肘是小身法。

纏絲旋腕是內繞丹田中心垂直軸、外繞右腕關節軸內外合一的離心力平轉運動。

攬手轉體是繞丹田中心垂直軸上下相隨的向心力平轉運動，手轉、身轉、腳轉，上下左右前後一起繞中心螺旋平轉，似繞井一般由外向內旋轉包攬。

斜穿肘是以丹田為中心的周身一家、上下垂直斜對稱的由中斜開運動。右肘與左拳是右上、左下斜對開，右腳與左腳是右前、左後斜站立，前後左右上下由中斜開，斜中寓正，垂直斜分，中正對稱。

【行氣要點】

纏絲旋腕圈是氣轉丹田轉帶脈，氣由內而外從丹田中心旋轉而出向全身開發，形成旋轉離心力氣圈。

攬手轉體圈是氣轉帶脈轉丹田，氣由外而內從全身像旋渦一般向丹田中心聚集，形成旋轉向心力氣圈，似彈簧捲繞一般周身蓄勁，為斜穿肘做準備，也稱聚氣合丹田。

斜穿肘是氣能彈勁由內向外的裂變釋放，是向全身開發，不是向體外開發，也稱閉氣開丹田。

【用法要點】

井攬直入屬古拳譜中「鉤攬搭掃穿心肘」典型拳法。鉤者鉤腳，攬者攬手，搭者搭接，掃者轉掃，即左勾腳旋轉掃腿，左攬手搭接轉掃，旋轉直入貼身，屈肘穿心斜射。

纏絲旋腕圈既是獨立運用的纏絲轉引落空法，也是鉤攬搭掃穿心肘的引進落空之前提，即纏絲引空對方後，順對方落空慣性之勢鉤攬搭掃穿心肘。

第十二式　風掃梅花

1. 側身鞭打陰腹捶

接上式。右拳先向左下方畫弧，鬆氣、鬆蓄引左轉腰，同時領氣回丹田，周身蓄住勁；再以拳背領氣，橫向右側方向（南）似折疊甩鞭一般側身鞭打陰腹捶，同時領左腳騰挪前移步（向東），當左腳一踏實（胸朝東），即鬆腰旋抖、氣出丹田、勁起足根、鬆緊突變地發出鞭彈勁。（圖84、圖85）

圖 84

圖 85

2. 風掃梅花右轉身

接著，右拳再向左下方鬆氣、鬆手、鬆蓄引左轉腰，同時領氣回丹田守中，重心左移，左腳踏實，左拳鬆手臂鬆垂；然後右手用意領氣領身繞丹田中心垂直軸，沿左上右下順時針橫立圈路線從身體左下方向身體右下方圓轉，如風地旋掃一大圈並向右轉身 90°

圖 86

（胸朝南），同時領左腿先由實變虛，再以腳跟為軸內旋扣腳斜朝東南沉氣踏實，領右腿外旋轉腳正朝南成前虛步，領左手沿左上弧線魚貫相隨轉至胸腹前，右手轉過來坐腕按於體側。（圖 86）

【練法要點】

風掃梅花由側身鞭打陰腹捶和風掃梅花轉身圈兩勢組成。

側身鞭打陰腹捶是典型的混元運動力學的彈性鞭打運動，似側身折疊甩鞭一樣。鞭打時，先向欲要鞭打方向的反面運動一下，以積蓄彈性鞭打勢能，再折疊鞭打，勁起足根由腰發，即上下九節勁，節節腰中發，依次從品質大的近端環節傳遞到品質小的遠端環節鞭梢，也就是從手臂的肩環節、肘環節傳至拳環節，同時意氣由鬆變緊地突然制動，從而在鞭梢即右拳產生動度小、打擊力大的鞭彈勁。練習時，要掌握以下幾點：一要折疊甩鞭，二要鬆腰旋抖，三要勁起足根，四要鬆緊突變，五要與左腳落步踏實同步，六要步輕靈、捶剛發。

風掃梅花轉身圈是順時針橫立圈（手圈）與水平圈（身圈）相結合的混元圈運動，是右手領轉的以開為主的離心力大轉圈，與上式并攬直入左手領轉的以合為主的向心力大轉圈形成相反相成的陰陽兩儀圈。即風掃梅花圈是由內而外、由陰轉陽、由靜生動的轉圈運動，并攬直入圈是由外向內、由陽返陰、由動歸靜的轉圈運動。

練習時，要掌握以下幾點：一要欲右先左，積蓄旋轉動能並沉好氣；二要由中而轉，在產生旋轉離心力的同時保持向心力，達到中正穩定；三要圓活虛靈，即身、手、步、意、氣、圈混合成圓，圓活圓滿圓轉，虛靈內含，一轉而就，符合風掃梅花之法象。

【行氣要點】

鞭打陰腹捶是閉氣運勁法。鞭打時，既要鬆腰旋抖，

一氣鼓蕩丹田，似開閘放水，將閘伏於丹田的混元氣能宣洩出來；又要鬆緊突變，一氣蕩摩剛柔，似釋放彈能，將蓄聚於全身的彈性勢能鬆放出來。

風掃梅花是混元一氣由丹田向四肢全體開發流轉，氣如車輪沿沖脈左升右降的同時沿帶脈右轉一圈，氣圈旋掃如風，催身右轉。

【用法要點】

鞭打陰腹捶是彈性鞭打法，屬鞭子勁，主要用於散手，擊打對方腹部。結合上式斜穿肘形成上下兩用法或上驚下取法，即斜穿肘是上打，陰腹捶為下打。也可用於推手，即由對方之手與我之拳臂的接點作為鞭彈勁的引點、發點。

風掃梅花是大身法、大轉圈的腿手並用摔法，屬古拳譜中「滾拴搭掃」典型拳法。散手、推手皆可用。運用時，先順勢向左轉引落空，隨即左腳進彼襠拴絆彼右腿（或左腳不動，右腳拴絆彼右腳），右手纏搭彼頸右側、左手纏接彼右手向我之右後下方轉圈旋掃，利用旋轉離心力與拴絆彼腿的組合作用使對方翻滾傾跌。

第十三式　金剛搗碓

1. 抓拳合手勾拳掤

接上式。右手邊用意抓閉虛握拳邊領氣領身，沿縱立圈的下弧線向前（南）勾拳上掤身前進，同時左手逆纏屈臂合於右臂彎上，重心前移，坐胯沉氣到右腳湧泉踏實成左後虛步。（圖87）

圖 87

圖 88

2. 左右輪轉縱立圈

勾拳畢，右拳即用意領氣領身，沿縱立圈下弧線彈性往回鬆引蓄勢，身後坐，氣回丹田，左腳沉氣踏實，右腳略收虛立；然後以右拳背領氣領身，沿順時針縱立圈路線後上前下彈性放長圓轉一圈，右拳轉畢再換左手背領氣領身，同樣後上前下彈性放長圓轉一圈，同時氣貼脊背，左右轉腰腎。（圖 88～圖 90）

3. 提腿震腳金剛捶

左手轉畢，左腿中定氣沉好，然後右拳背領氣，領右腿先逆纏向上彈性掤開屈膝上提，同時左手背領氣，暗暗向下彈性按開，成一氣分行上下對開獨立勢；再順纏折疊翻轉向下彈性搗捶砸於左手心內，同時領右腿鬆氣鬆落鬆震腳，重心不變在左腳，兩拳手合於臍下腹前，氣沉丹

圖 89

圖 90

圖 91

圖 92

田，周身合勁，成金剛搗碓陰陽相合一氣勢。（圖 91、圖92）

【練法要點】

本式金剛搗碓是繞丹田中心橫向軸的順時針縱立圈運

動和以丹田為中心的上下開合運動。由勾拳上掤、輪轉立圈和搗捶震腳三勢組成。

勾拳上掤時，由中而發不前傾，沉氣到腳有上下，左右平準身中正。亦可重心不前移，成前虛步勾拳上掤勢。

往回蓄引時，鬆氣回中不後倚，眼神收斂有前後，一氣中立不偏倚。

輪轉立圈時，由中而轉致中和，旋腰轉脊換虛實，彈性放長意舒展，圓活圓滿圓到位。注意不揚肩、不抬肘、不搖晃。

獨立開勁時，由中而開有前後，中定沉穩不歪斜，右拳、左手上下對開時不抬肘。

搗捶震腳時，右拳翻轉有圓頭，鬆氣鬆落鬆震腳，沉氣守中合陰陽。亦可鬆氣鬆落不震腳，切不可用力跺腳追求震響聲。注意重心在左腿，中定不偏倚，右腿無論震腳不震腳都是鬆虛的，既可避免實腿不當震腳引起的震動力，也可減弱鬆氣鬆落鬆震腳的反震力。

【行氣要點】

輪轉立圈是氣如車輪，兩次沿任督兩脈後上前下通周天，並運氣通臂形成彈性混元氣圈，轉畢氣回丹田。

獨立開勁是一氣分行開丹田，即由中丹田向上開至上丹田和右拳背，向下開至下丹田和左手背、左湧泉，形成彈性掤開勁。

搗碓震腳是混元一氣合丹田，即上丹田和下丹田一起合到中丹田（三丹合一），並沉氣搗捶、鬆氣震腳形成彈性搗碓勁，搗畢氣回丹田，周身合勁，陰陽重合。

【用法要點】

右勾拳是掤法，與左合手配合是橫中豎，即右勾拳是向前的上掤豎勁、左合手是向右的纏拿橫勁。

輪轉立圈是纏引拿發和陰陽互換，接手時（兩手接兩手）先順勢往回鬆引（右或左），再沿後上弧線逆纏屈臂掤拿擎彼身，隨即變順纏向前下立轉圈，利用旋轉離心反彈力將對方鬆放出去。

獨立開勁是用右拳、左手的上下對開勁來開對方，即擎引對方拿梢斷根。順纏搗捶是用合勁將對方鬆放出去，即順擎引斷根之勢，順纏搗捶合即出，也是劈砸炮。亦可與左手配合砸擊對方脈門。配合鬆震腳的驚戰法，可上驚下取震踏彼腳背。

第十四式　披 身 捶

1. 下開上合橫立圈

接上式。先右拳鬆手，與左手一起向下鬆氣鬆開鬆蓄引；再兩手鬆腕垂指，以腕背領氣，沿體前中線由下折疊向上鬆合鬆掤引；然後兩手順纏翻掌，沿體前中線由上向下雙開，再兩手用意領氣，沿橫立圈左右弧線由下向外、向上先逆後順地十字交合於胸前蓄住勁，左手在外，右手在裏。（圖93、圖94）

2. 左右開合橫開步

隨即兩手背用意領氣，由中平向左右兩側彈性開勁，同時領右腳向左腳旁騰挪虛收步成開手合步勢；然後，兩

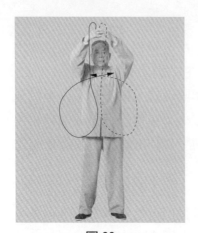

圖 93

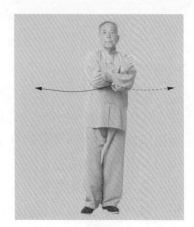

圖 94

圖 95

圖 96

手心用意領氣，由左右折疊向中十字交叉彈性合勁，左手
在外，右手在裏，同時領身領右腳向右（西）橫開大步橫
進身成合手開步的馬步十字手。（圖95、圖96）

3. 磨盤旋抖連環炮

　　接著，兩手邊用意抓氣虛握拳，邊向右轉腰鬆蓄引，同時兩腿右順左逆，重心右移，沉氣到右腳湧泉踏實；然後，兩拳領氣領身，沿逆時針平圈路線從右向左磨盤圓轉一圈鬆腰旋抖，同時領兩腿順逆互纏；轉畢，左立拳用意領氣領身，先斜向右前方（西南）伸臂沖炮右轉腰（胸朝西南），同時領兩腿右順左逆，重心右移，右拳屈臂合於右腰側蓄住勁；當左拳一到位，即換右立拳用意領氣領身，同樣斜向右前方（西南）伸臂沖炮左轉腰（胸朝南偏東），同時左拳屈臂往回收拉至左胸側，領兩腿左順右逆，重心左移，當右拳一到位，即鬆腰旋抖、勁起足根，似開弓放箭發出擠彈勁。（圖97～圖99）

圖 97

圖 98

圖99　　　　　　　　　圖100

4. 左右披身橫擺拳

右拳先向右下方沉氣蓄引，右轉腰，重心右移；再折疊用意領氣領身，沿斜平圈右前弧線斜向左前上方（東南）披身左轉橫擺拳，同時領兩腿左順右逆，重心左移成左弓馬步的遮身蔽體右擺拳之勢（胸朝東南）；然後右拳向身前屈臂鬆蓄合，左拳隨之先向左下方沉氣鬆蓄引，再折疊用意領氣領身，沿斜平圈左前弧線斜向右前上方（西南）披身右轉橫擺拳，同時領兩腿右順左逆、重心右移成右弓馬步的遮身蔽體左擺拳之勢（胸朝西南）；最後，左拳向身前屈臂鬆蓄合，右拳隨之先向右下方沉氣鬆蓄引，再折疊用意領氣領身，斜向右前上方（西南）披身左閃右擺拳，同時領兩腿左順右逆、重心左移成左弓馬步的閃身蔽體右擺拳之勢（胸朝南偏東）。（圖100～圖102）

圖 101　　　　　　　　　圖 102

【練法要點】

披身捶是側顧左右的橫向運動，如下開上合橫立圈、橫向開手收右步、十字合手橫開步、左右磨盤橫轉圈、橫向連環斜沖炮、左右披身橫擺拳，練習時要有側顧左右、橫向開拓的理法思想。

下開上合橫立圈須圓活圓滿有前後，胸腹背腰臀須開合折疊有彈性，似充滿氣的彈性球體作用於大地而富有彈性之勢。

開手合步與合手開步相反相成，蓄發相變而富有騰挪之勢。

炮捶的磨盤旋抖也稱金雞抖翎磨盤圈，須在第一系列拳的基礎上，將意氣圈、兩手圈、腰身圈、兩腿圈混合圓成一圈後，並達到抓閉混元功夫，再練習鬆活旋抖磨盤圈為好。

同樣，連環炮須在屈伸對稱、均衡一致的混元整體勁

基礎上再練習鬆放發勁。

披身捶屬橫擺拳，披身捶之義是指橫擺拳的同時遮蔽護自身。練習時，須繞丹田中心垂直軸左顧右盼披身擺拳，在產生旋轉離心力的同時保證向心力。而又陰陽折疊蓄引轉換，即先要反向運動積蓄擺拳勢能；沉氣到腳五行到位，即勁起足、發於根，左顧右盼至中定。

【行氣要點】

動作1的下開上合橫立圈是氣運沖脈為主兼行任督兩脈，即先沿胸前任脈下降，復沿兩側沖脈和體後督脈上升。

動作2的收步橫開手是開氣開丹田，合手橫開步是合氣合丹田、開步圓襠是開中合氣。

動作3的磨盤旋抖是氣轉帶脈轉丹田的抓閉運氣鼓蕩周身法；左沖炮是氣運帶脈右轉圈，右沖炮是氣運帶脈左轉圈旋抖。

動作4的左右披身捶是三次氣轉丹田運帶脈。

【用法要點】

動作1是先向下纏絲化引，再向上轉圈拿捌。

動作2是先開後合的纏絲反拿擒捌手。

動作3的磨盤圈是纏引纏拿的旋轉離心反彈力用法。連環炮的左伸右屈是先給對方一偏轉力矩，緊接著變左屈右伸，給對方一相反偏轉力矩的擠彈勁。

動作4披身捶是旋轉橫打法，先順勢引進落空蓄己勁，再折疊轉圈披身橫打，左過右來，右過左來，順來橫打，閃進打顧，並在橫打的同時遮蔽護己身。

第十五式　左右撇身捶

1. 開合轉圈雙開勁

　　接上式。右拳用意領氣，先向左下方畫弧鬆蓄引；然後兩拳用意領氣領身，沿順時針橫立圈路線先逆纏轉圈相開，右轉腰，再順纏轉圈相合，左轉腰（胸朝東南）：即右拳沿左上右下路線圓轉一圈屈臂合到左腹前，左拳沿右下左上路線圓轉一圈屈臂合到右胸前，同時領兩腿先右順左逆纏再左順右逆纏，重心由右回到左；然後伏勢轉圈雙開勁：即右拳背領氣，經左臂外側沿混元圈的左前上弧線向右後上方轉圈掤開勁，左拳背領氣，經右臂內側沿混元圈的右後下弧線向左前下方轉圈按開勁，兩拳心上下斜相對，同時領右腳略調整（胸朝東南），重心右移，身後坐，臂圓、襠圓、腰背圓成伏勢右後坐步。（圖103、圖104）

圖 103

圖 104

圖 105　　　　　　　　　　圖 106

2. 右合左開收右步

接著，兩拳領氣領身，先向右合右轉腰，即左拳屈臂合到右腹前，右拳屈臂合到左胸前，同時兩腿右順左逆；再沿逆時針橫立圈路線逆纏左開左轉腰收右步：即左拳為主，經右臂外側沿右上弧線向左上方逆纏掤開，右拳為輔，經左臂內側沿左下弧線向右下方逆纏按開，同時領重心左移身橫進，左腿順纏，右腳向左腳旁騰挪虛收步。（圖 105、圖 106）

3. 合拳開步左撇身

上動不停。順纏右合左開步：即左拳沿左下弧線順纏轉圈屈臂合到右腹前，拳心朝上，右拳沿右上弧線順纏轉圈屈臂合到左胸前，拳心朝下，同時領腰身折疊迴旋右轉，重心換到右腳，左腳向左（東）橫開步沉氣蓄住勁；

圖 107

圖 108

然後，左拳為主以拳眼領氣、右拳為輔以拳輪領氣，一起由中平向左（東）右（西）兩側雙分開，同時領腰身折疊左撇旋抖（胸朝東南），兩腿左順右逆，重心左移成左弓馬步，勁起足根發出捌彈勁。（圖 107、圖 108）

4. 左合右開收左步

接著，兩拳領氣領身，先向左合左轉腰：即右拳屈臂合到左腹前，左拳屈臂合到右胸前，同時兩腿左順右逆；再沿順時針橫立圈路線逆纏右開右轉腰收左步：即右拳為主，經左臂外側沿左上弧線向右上方逆纏掤開，左拳為輔，經右臂內側沿右下弧線向左下方逆纏按開，同時領重心右移身橫進，右腿順纏，左腳向右腳旁騰挪虛收步。（圖 109、圖 110）

圖 109

圖 110

5. 合拳開步右撇身

上動不停。順纏左合右開
步：即右拳沿右下弧線順纏轉
圈屈臂合到左腹前，拳心朝
上，左拳沿左上弧線順纏轉圈
屈臂合到右胸前，拳心朝下，
同時領腰身折疊迴旋左轉，重
心換到左腳，右腳向右（西）
橫開步沉氣蓄住勁；然後，右
拳為主以拳眼領氣、左拳為輔

圖 111

以拳輪領氣，一起由中平向右（西）左（東）兩側雙分
開，同時領腰身折疊右撇旋抖（胸朝西南），兩腿右順左
逆重心右移成右弓馬步，勁起足根發出捌彈勁。（圖
111）

圖 112

圖 113

6. 定步左轉撇身捶

接著，兩拳領氣領身，先向右合右轉腰蓄住勁：即左拳順纏屈臂合到右腹前，拳心朝上，右拳逆纏屈臂合到左胸前，拳心朝下；隨即，左拳為主以拳眼領氣、右拳為輔以拳輪領氣，再一起由中平向左（東）右（西）兩側雙分開，同時領腰身折疊反向左撇旋抖（胸朝東南），兩腿左順右逆，重心由右換左成左弓馬步，勁起足根發出捌彈勁。（圖 112、圖 113）

【練法要點】

左右撇身捶主要是左右開拓橫進的折疊平開合運動，既有定步開合橫立圈，又有活步開合橫立圈；既有活步撇身捶，又有定步撇身捶。圈是橫立圈，步是顧盼定，拳是平分拳。

撇身捶之義是平著將意氣之勁甩發出去，即梢領中隨根節催、由足而腰而兩拳，依次傳遞到鞭梢（拳），透過

由鬆變緊的突然制動將勁平著甩出去，形成平向左右的鞭彈勁、捌彈勁。

左、右活步開合橫立圈是左顧右盼橫進步，圈隨步橫運，步隨圈橫行。

【行氣要點】

定步開合橫立圈是氣運沖脈左升右降、丹田開合敷氣蓋勁，為伏勢轉圈雙開勁做準備。

活步開合橫立圈是抓閉運氣通沖帶，似彈簧捲繞一般積蓄氣能彈勁，為撇身捶做準備。

撇身水平開合圈是氣運帶脈鼓蕩丹田，似彈簧彈開一般釋放氣能彈勁。

【用法要點】

定步開合橫立圈是纏絲轉引拿捌法，結合伏勢轉圈雙開勁寓腿手並用的右臂背肩肘拳捌靠。

活步開合橫立圈是閃身橫進的轉引落空法，是順勢運用撇身捶之前提。

撇身捶既是左右雙開雙打法，又是兩拳左右橫捌法。亦可承活步開合橫立圈的轉引落空之勢，前腿順勢進步套封彼腿（順步、合步均可），腿手並用旋捌，即拳是平分拳，腿是套封腿，上擊體前（順步時），下管身後，截前壓後，腿手旋捌。

可參見用法圖 3～用法圖 5。

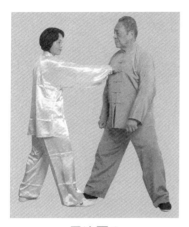

用法圖 3

用法圖 4

第十六式　斬　手

1. 轉圈抓閉左轉體

接上式。左拳鬆手領氣領
身，先向右下方畫弧蓄引右轉
腰（胸朝南），同時領重心右
移，右腳沉氣踏實，左腳騰挪
收步虛離地；再沿體前下方經
左上方到身後下方的逆時針斜
混元圈路線，邊 360°旋轉一

用法圖 5

大圈邊逆纏抓閉虛握拳，同時領左腿外旋擺腳落步，並以
左腳為轉軸領身向左後轉體 180°（胸轉朝北），領右腳轉
過來落於左腳右側扣腳踏實，右腳尖朝北，左腳尖朝北偏
西。（圖 114、圖 115）

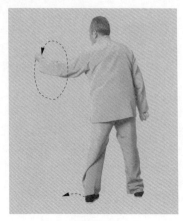

圖 114   圖 115

2. 纏繞斬手提震腳

上動不停。再左拳背領氣，以肘為軸，右上左下順纏旋繞翻轉一圈下按，同時領左腳先虛提離地，再擺腳落步左轉腰，腳尖朝西南；當左腳一踏實，中定氣沉好，右拳即領氣領身領右腿，先向上屈提蓄勢左轉腰，再向下直砍斬手，鬆氣震腳身略蹲（胸朝西南），右拳斬擊於左手心內，與右腳震落於左腳旁同時發出震響聲。（圖 116、圖117）

【練法要點】

斬手是以左手領轉的繞丹田中心垂直軸的倒轉身法反轉圈運動，由抓閉轉身混元圈、順纏旋繞翻轉圈和斬手提震腳組成。

抓閉轉身混元圈是向心力旋轉的大轉圈大身法，順纏旋繞翻轉圈是旋轉離心力的小轉圈小身法，大轉圈緊接小

圖 116

圖 117

　　轉圈、大身法緊接小身法，從而形成由大到小、由開展到
緊湊、由動到靜（制動）、由向心力到離心力的螺旋纏絲
混元圈運動。

　　　斬手是向下直砍，震腳是鬆氣震腳，即沉氣合勁，彈
性斬擊。皆不可用力，片面追求震響聲，氣能彈勁充足則
自然產生炸雷聲。

　　【行氣要點】

　　　抓閉轉身混元圈是以平圈為主的立體三維空間的混合
抓閉運氣圈，即氣運帶脈左轉圈轉身的同時，氣行沖脈右
升左降、氣循任督後升前降，並向丹田聚氣，閉而不散，
積蓄氣能，為順纏旋繞翻轉圈和斬手提震腳做準備。

　　　順纏旋繞翻轉圈是氣轉丹田運帶沖的纏繞運氣圈，同
樣是內氣不出、外氣不入的閉氣纏運。

　　　提拳提腿是氣開丹田和增強意氣體的彈性總張力，斬
手震腳是氣合丹田和暫態釋放氣能彈勁。

【用法要點】

斬手一式主要是纏絲轉引拿摔法、斬擊法和反擒拿法。

抓閉轉身混元圈和順纏旋繞翻轉圈是利用轉體轉圈向心力和離心力的纏引拿摔和反擒拿兩用法。

斬手是用右拳或掌斬擊直砍對方拿我之手脈門的解脫拿法。也可配合左擺腳下截上擊，即左手順纏旋繞翻轉圈反拿對方造成對方背勢的同時，我之左腳在下封截對方右腳之外側，我之右拳或掌順勢在上斬擊對方頸動脈或前胸（後背）。

第十七式　翻花舞袖

翻身轉體左轉圈

接上式。意氣、兩手（右拳鬆手）與身腿先暗暗向上鬆引蓄勢，再迅速向下沉氣沉身蹬地，借大地反作用力和自身彈性勢能，兩手即領氣領身，疾沿右後上至左前下（西北至東南）的逆時針混元圈路線原地騰起翻轉一圈左轉體180°（胸轉朝東北）；落步時，兩腳沿西北和東南斜方位依次落地，左腳先落地，位在西北變後步踏實，腳尖斜朝東北，右腳後落地，位在東南變前步虛立，腳尖正朝東。兩手翻轉過來在體前依次斜下按，左手先按在後位，右手後按在前位，兩手心斜朝下。（圖118、圖119）

【練法要點】

翻花舞袖屬反身顧後法。本式只此一翻身轉體圈，所轉之圈是繞丹田中心軸的立體三維翻身翻手混合圈，即既有翻身轉體的左轉平圈，又有右後上、左前下的混合立

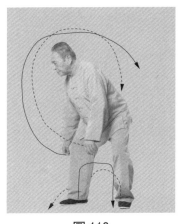 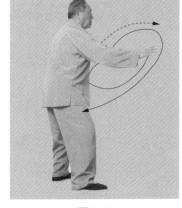

圖 118　　　　　　　　圖 119

圈，似翻花舞袖一般螺旋翻轉。

翻身轉體是沉氣蹬地的大地反作用力和自身積蓄的彈性勢能以及兩手翻轉的慣性離心力三者綜合作用結果。氣能足、彈能足、沉得足、轉得足，才能輕靈騰挪，一翻而就。落地時要注意緩衝，避免震動衝擊力影響自身。老年人可不跳，即有騰身之意而無起跳之實。

【行氣要點】

本式雖只一圈，但細研之有三次運氣，一是運氣上引蓄勢的開丹田，二是運氣下沉蹬地的沉丹田，三是運氣轉圈催身的轉丹田。運氣轉圈翻身是一氣混元同時從右向左運帶脈、右上左下運沖脈、後上前下運任督、先上後下運陰陽蹻維。

【用法要點】

本式屬翻身後打法，即一跳步、一翻身、一後打，並寓解脫拿法和纏拿摔法。

第十八式　掩手肱捶

1. 左右折轉回身跳

接上式。兩手先向左下方鬆氣蓄引一下；然後右手逆纏先行，左手順纏相隨，一起領氣領身，沿順時針斜平圈路線從左下方向上、向右下方轉圈将按右轉腰，右手将按至右胯旁，左手将至胸前中線，同時兩腿右順左逆，重心右移；左手不停，先向右逆纏畫弧下按，再向左畫弧回将至左胯旁，右手隨之變順纏，沿逆時針斜平圈路線折疊回向左轉圈将引左轉腰至胸前，兩腿隨之左順右逆，重心隨之左換；當左腳一踏實即沉氣蹬地，右手不停，邊抓氣虛握拳，邊沿體前中線逆纏折疊回轉扣腕合於臍下腹前，拳面朝下，同時左手順纏領氣領身，沿順時針平圈路線折疊向右回轉圈，借大地反作用力和兩手折疊回轉慣性，領身原地騰起向右回轉90°（胸轉朝東南）；

落步時，兩腳按南和東兩個正方位依次落地，右腳先落地，位在南踏實，腳尖斜朝南偏東，左腳後落地，位在東虛立，腳尖正朝東；左手轉過來坐腕掩合於右拳腕背處。（圖120～圖122）

2. 掩手閃身反背炮

接著，左手領氣領身，沿順時針斜平圈的左前弧線斜向右前上方（西南）攔手掩蓋右轉腰，兩腿隨之右順左逆；隨即右拳背領氣領身，經左臂內側斜向右前上方（西南）打一左閃身反背炮（胸朝東偏南），同時左手沿右後

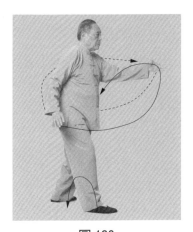

圖 120

圖 121

圖 122

圖 123

弧線經右拳臂外側向左屈臂回收護胸前，兩腿隨之左順右
逆，重心左移，勁由足起，依次傳遞到右拳背（鞭梢）發
出鞭彈勁。（圖 123）

3. 磨盤開合左掩手

上動不停。左手，右拳先
向兩側下方鬆氣鬆開鬆蓄引右
轉腰，同時領兩腿右順左逆，
重心右移；然後領氣領身，以
肘為軸磨盤開合轉圈轉腰：先
磨盤屈臂左合左轉腰，右拳臂
在上，左手臂在下，拳手心皆
朝下，同時兩腿左順右逆，重
心左移；再磨盤順纏相開先右

圖124

後左轉腰，即右拳向後沿平圈右弧線向前（東南）轉開，
拳心順纏轉朝上，左手向前沿平圈左弧線屈臂向後（西
北）轉開，手心順纏轉朝上，同時兩腿順逆互纏，重心從
右回到左；接著，右拳沿平圈左弧線、經左手下方往回屈
臂收至右腹腰側右轉腰，拳心不變仍朝上，同時左手變逆
纏，沿平圈右弧線，經右拳上方橫掌向前（東南）推掌掩
護，掌心轉朝下，兩腿隨之右順左逆，重心隨之右移。
（圖124～圖126）

4. 雙分掩手右肱捶

上動不停。左手、右拳先領氣領身，左前右後雙逆雙
分右轉腰，即左手變八字手逆纏向前（東南）伸引的同
時，右拳逆纏向後（西北）伸引，兩腿隨之右順左逆；再
雙順雙屈合氣蓄勁，即左八字手順纏往回屈收掩護體前的
同時，與右拳順纏屈臂收合到右腹腰側一起合氣蓄住勁，

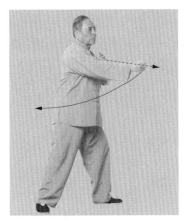

圖 125

圖 126

圖 127

圖 128

手心、拳心轉朝上；最後，右拳領氣領身逆纏，向前（東
南）螺旋沖拳左轉腰（胸朝東偏南），拳心轉朝下，同時
左手逆纏，向後屈臂掛肘收至左腹腰側，手心轉朝身，兩
腿左順右逆，重心左移成左弓馬步，勁起足根、鬆腰旋
抖，氣通肱骨達拳面發出崩彈勁。（圖 127、圖 128）

【練法要點】

掩手肱捶的練法特點是繞丹田中心垂直軸的平轉運動，如左右折疊轉平圈、騰身轉體回轉平圈、攔手反背炮斜平圈、磨盤開合轉平圈、平向前後雙分合、螺旋前伸平沖拳。

左右折疊轉平圈以產生和積蓄旋轉動能催身轉體，並在產生旋轉離心力的同時產生向心力使轉體中正穩定，結合沉氣蹬地的大地反作用力形成螺旋上升的騰身轉體。老年人可不騰起，以左腿為轉動軸將身體轉過來即可。

掩手指左手，掩手之義是左手掩蓋、掩護、掩蔽、掩合右拳。本式有四次掩手，一是轉體後的左手掩合右拳；二是反背炮前的左手掩蓋遮攔右拳；三是磨盤開合後的左手推掌掩蔽右拳；四是螺旋沖拳前的左手屈收掩護右拳。

肱指右手臂的肱骨，也稱胳膊。肱捶之義是捶自心出氣出丹，勁起足根由肱發，梢領中隨根節催，三節發力螺旋勁。其中，足為整體之根，丹田為氣之根，肩為臂之根；右拳逆纏螺旋，腰身左轉螺旋，兩腿順逆螺旋，掌握這三根螺旋之法門，才能真正練好掩手肱捶。

【行氣要點】

掩手肱捶一式以氣運帶脈轉丹田為主。

動作 1 的左右折疊轉平圈是先右轉帶脈轉丹田，再折疊左轉帶脈轉丹田；騰身轉體是向右回轉帶脈圈轉丹田。

動作 2 的左攔手掩蓋是右轉帶脈轉丹田，反背拳是折疊左轉帶脈轉丹田。

動作 3 的磨盤開合圈是從右向左的逆時針氣轉帶脈轉丹田，共行兩圈。

　　動作4的前後雙逆雙分雙順合是氣運帶脈聚丹田，一氣伸縮積彈勁，為螺旋沖拳做準備；螺旋沖拳是左轉帶脈轉丹田，一氣螺旋通三節。

【用法要點】

　　動作1的左右折疊轉平圈是纏絲化引纏拿捋，既可左右分開單獨用，也可左右配合折疊用；右拳逆纏折疊回轉扣腕是擒拿與反擒拿兩用法；左手折疊向右回轉圈是回身轉捋橫勁法，配合左腳而為腿手並用摔法。左手坐腕掩合右拳是解脫拿法的掩手捶，即左手向下切掌解脫對方拿法同時，掩護右拳順勢在下擊打對方，前者是明手，後者是暗手。

　　動作2的掩手閃身反背炮是閃身顧打的掩手捶，即左手向右攔蓋對方來拳的同時，掩護右拳順勢朝對方臉面閃身打一反背拳。其中左掩手用於散手是攔手，用於推手則是橫破直的掤法。

　　動作3的磨盤開合轉圈是纏絲拿捋轉引橫打法。左掩手推掌配合右拳纏絲旋繞是纏絲拿捌法，此為明手；又可掩護右拳順勢擊打對方，此為暗手。

　　動作4的掩手肱捶是纏引拿發的掩手捶，即雙逆雙分是纏絲引落空，雙順雙合是纏拿斷彼根，左手掩護右拳順勢螺旋沖拳擊打對方。其中右螺旋沖拳是化發合一的螺旋擠打，即邊螺旋化引邊沖拳擠打。

 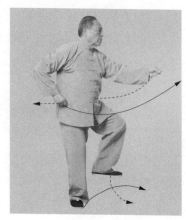

圖 129　　　　　　　　圖 130

第十九式　飛步攔腰肘

1. 連環沖炮獨立步

接上式。右拳領氣領身，先向右後下方鬆氣蓄引右轉腰，同時領兩腿右順左逆，重心右移身後坐；再沿縱立圈的後上弧線向前（東）彈性沖炮左轉腰，同時領重心前移身前進，右腳騰挪虛收步（落步不落步均可）；

復沿縱立圈的前下弧線往回（西）屈臂掛肘收至右腹腰側，同時領右腳向後（西）撤步，重心後移身後退，右腳沉氣踏實中定好，左腿屈膝向上提，左手抓閉虛握拳向前（東）彈性沖炮，成獨立掛肘沖拳勢（胸朝東南）。（圖 129、圖 130）

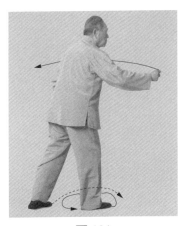

圖 131

圖 132

2. 飛步前縱右沖拳

右腳蹬地將身騰起的同時，左腳躍步領身前縱（東），緊接著右腳飛步領身前縱（東），並沖右拳，收左拳，向左轉體180°。（圖131）

3. 倒插步轉圈轉身

上動不停。左腳順勢向右後方倒插上步（朝東），右拳順勢領氣領身，沿平圈路線向左後平轉一圈，左轉體180°（胸轉朝南偏東），同時右腿內旋轉腳，左腿外旋轉腳成右後左前步，即右腳在後為虛，左腳在前為實。（圖132）

4. 轉圈攔手收左步

右拳不停，繼續領氣領身，沿平圈路線向左平轉一圈

圖 133　　　　　　　　圖 134

後屈臂往回收到右腹腰側蓄住勁，同時調整右腳，重心後移身後退；左手相隨，領氣領身向右圓活平轉一圈回攔至腹前蓄住勢，同時左腳騰挪略收步。（圖 133）

5. 進步進身攔腰肘

隨即，左手領氣領身領左腳，沿平圈左弧線平向前（東）進步進身攔手，同時右拳橫臂屈肘合住腰勁，領氣領腰領右腳，一起沿平圈右弧線逆向前（東）拗轉跟步右轉腰（胸轉朝東），當意、氣與身、步、肘一到位，即鬆腰旋抖、勁起腳根發出橫臂肘彈勁，同時左手領氣，向身前回攔拍擊右肘臂發出擊響聲，形成左弓步的拗轉攔腰肘。（圖 134）

【練法要點】

飛步攔腰肘是以退為進法與縱向運動和平轉運動相結合的練法。

　　以退為進有兩次，一是飛步縱身前的退步獨立左沖拳，二是進步攔腰肘前的轉圈攔手收左步。退時一氣渾然中伏，退中積蓄前進勢能。

　　縱向運動有兩種，一是縱立圈連環沖炮的縱向運動，二是向前飛步縱身的縱向運動。

　　平轉運動有三個，一是 360° 縱身轉體的平轉圈運動，二是左攔手的平轉圈運動，三是攔腰肘的拗轉平圈運動。

　　獨立左沖拳時，一要右屈臂掛肘與左伸臂沖拳、提腿獨立步同時進行，同步完成；二是屈伸對稱，中正穩定，即兩臂右屈左伸，兩腿左屈右伸，前後左右上下均衡對稱，不偏不倚。

　　飛步縱身是連續兩步前縱，這裏要掌握三點：① 右沖拳與第二步右腳前縱要同時同步；② 縱是平向前縱，要求縱得遠，不要求跳得高，即縱放其勢，一往無前；③ 轉體時要繞丹田中心垂直軸轉，即掌握好向心力，保持中正穩定。

　　攔腰肘的攔，指左手轉圈的截前攔後和左腳進步的攔封彼腿；腰肘指右拳橫臂屈肘合著腰勁的逆時針平轉向前運動。逆轉又稱拗轉，逆而不失中和，故飛步攔腰肘也稱飛步拗鸞肘。運動時要求身、步、肘整體一致，一到全到，由中拗發，發而中和。

　　【行氣要點】

　　動作 1 右拳前伸後掛肘的縱立圈是氣運任督後上前下周天圈；提腿獨立左沖拳時會陰提氣、祖竅斂氣、夾脊貫氣。

　　動作 2、動作 3 飛步縱身轉體轉圈時，一方面氣注會陰催身飛步，一方面氣運帶脈催身左轉。

動作4的轉圈攔手收左步，先右拳領氣左轉帶脈一圈，再左手領氣右轉帶脈一圈回丹田，並由肩井向腳底湧泉沉氣蓄勁，為攔腰肘做準備。

動作5進步攔腰肘拗轉平圈是氣注會陰催身進步的同時，氣運帶脈左轉圈、勁起足根拗彈肘。

【用法要點】

飛步攔腰肘用法有兩個特點，一是向前沖打，屬擠法，為直勁，包括定步連環炮沖打和飛步前縱右拳沖打。定步沖打時，右拳為引、為虛，左拳為發、為實，虛實互變，拳打膊下；又寓沖拳掛肘前後雙打法。飛步沖打既是追打法，也是突出重圍法，又寓轉體解脫拿法。

二是腿、手、肘並用的拗轉攔腰肘，屬肘法，為橫勁，即左手轉圈化引、截前壓後攔住彼腰的同時，左腳順勢進步攔封對方下盤，右拳橫臂屈肘，與腰一起合住勁平著向前拗轉拿發。

第二十式　雲　手

1. 右捋左擠斜上步

接上式。右拳鬆手，與左手一起先向左下方鬆氣蓄引一下；然後兩手左順右逆領氣領身，沿橫立圈左上弧線向右上方掤捋轉引右轉腰，同時領重心右移，左腳騰挪虛收步；再變左逆右順，沿右下弧線斜向左前方（東南）先按後斜擠，左手在上，右手在下，同時領身領左腳斜向左前方（東南）進步進身（胸朝南），右腳隨之跟步虛立左腳旁。（圖135、圖136）

圖 135

圖 136

2. 橫開右步左右運

接著，右腳向右（西）橫開一步，兩手領氣領身，分別沿橫立圈路線上下交錯同向左右轉圈轉腰運手：先向右（西）分運右轉腰（胸朝西南），即右手逆纏，沿左上弧線轉運到右上方，左手順纏，沿左下弧線轉運到右下方，同時領兩腿右順左逆，重心右移；再折疊向左（東）分運左轉腰（胸朝東南），即左手變逆纏，沿右上弧線轉運到左上方，右手變順纏，沿右下弧線轉運到左下方，同時領兩腿左順右逆，重心左移。至此兩手各分運一圈回到原位。（圖 137、圖 138）

3. 左右再運倒插步

上動不停。再折疊右運（西）右轉腰，即右手逆纏，沿左上弧線轉運到右上方，左手順纏，沿左下弧線轉運到

圖 137　　　　　　　　圖 138

右下方，兩腿右順左逆，重心右移；再折疊左運（東）左轉腰，左腳倒插步，即左手逆纏，沿右上弧線轉運到左上方、右手順纏，沿右下弧線轉運到左下方的同時，左腳經右腿後面向右側方向（西）倒插上步成交叉腿，重心在右腿。至此兩手各分運兩圈仍回到原位。（圖 139、圖 140）

4. 再開右步左右運

上動不停。右腳再向右（西）橫開一步，兩手再領氣領身重複動作 2，即先折疊右運（西）右轉腰，再折疊左運（東）左轉腰。至此兩手各分運三圈回到原位。參見圖137、圖 138。

5. 左右再運再倒插

上動不停。再重複動作 3，即先折疊右運（西）右轉腰，再折疊左運（東）左轉腰的同時，左腳再倒插步

圖 139

圖 140

（西）交叉。至此兩手各分運四圈回到原位。參見圖
139、圖 140。

【練法要點】

混元太極拳的雲手之象，指圈似行雲一般左右橫向轉
運。

本式雲手是面朝南的從東向西、從左向右側身橫向運
動的左右折疊橫轉圈。兩手交替同向分別轉運了四個橫立
圈，其中，右手是順時針轉圈，左手是逆時針轉圈。每一
圈之中寓掤、捋、擠、按四正勁，不過右手圈是掤、捋、
按、擠順序，左手圈是按、擠、掤、捋順序。兩腿共橫行
四步，即兩次右腳向右橫開步，兩次左腳橫向右倒插步。
圈隨步橫運，步隨圈橫行，形似橫向渾圓行雲之象。

混元太極炮捶的雲手之圈是兩手領身同時繞丹田中心
水平軸和垂直軸的混合成圓的轉圈轉腰運動，要求內外合
一上下隨，周身一家渾圓體，一氣中正不偏倚，沉著中定

左右運，圓滿圓活圓到位，陰陽互根虛實清。

【行氣要點】

混元太極拳的雲手之義，指氣似雲團一般旋轉混合雲集，即由兩手領氣往復循環的環形旋轉運動，將敷布周身的先天混元之氣斂聚混合雲集在一起，進而將天、地、人三才之氣採攝混合雲集在一起，在氣運沖脈轉帶脈貫通全身的同時，逐漸積蓄增強內氣功能、旋轉動能、彈性勢能和大地反作用勢能。

【用法要點】

混元太極拳的雲手，主要有以下三個體用形象特點：

一似撥雲一般的轉圈分雲，如右手似撥雲一般沿左上弧線向右上方旋轉分雲對方右臂，左手沿左下弧線在下配合向右橫擠對方腰臀，形成橫向掤擠勁，將對方分雲出去。

二似翻雲一般的纏拿捋雲，如右手纏拿至對方左臂外側、左手纏拿至對方右臂內側，邊右下左上換手翻雲邊由右向左折疊捋雲，形成橫向按捋勁，將對方捋雲出去。

三似裂雲一般的腿手挒雲，如右腿進彼襠套封彼在前的右腿（合步時），或右腳進步套封彼在前的左腿（順步時），同時閃身而進貼靠彼身，右手臂順勢向右轉運並轉腰，形成纏繞諸靠的腿手旋挒勁，將對方挒雲出去。

第二十一式　高探馬

1. 雙拳按發橫開步

接上式。兩手邊用意抓氣虛握拳邊先向左側方向暗暗蓄引一下，再折疊斜向右側下方（西）彈性按發；同時，

圖 141

領身領右腳橫向右側方向（西）開步橫進，左腳隨之跟步
貼地震踏。（圖 141）

2. 轉圈震腳右沖拳

接著，兩拳鬆手向左鬆氣蓄引一下，然後領氣領身，
沿橫立圈左上弧線向右上方（西）伸展掤引右轉腰；再採
氣抓閉虛握拳，沿右下弧線向左下方回收蓄勢，同時領左
腳調整踏實收右步（胸朝西南）；

隨即，右拳背領氣，以肘為軸左上右下順纏旋繞翻轉
一圈向下按，同時領右腿先屈膝上提，再右轉腰鬆氣鬆落
鬆震腳（胸朝西）；然後重心換到右腳，左腳向前（西）
上步進身右轉腰，左拳隨同向前虛伸引，當左腳一落步，
右拳即領氣領身，經左拳下方平向前（西）逆纏螺旋沖拳
左轉腰，同時左拳屈肘橫臂回收、右腳跟步貼地震踏。
（圖 142、圖 143）

圖 142

圖 143

3. 獨立推掌高探馬

隨即，右拳領氣領身，順纏屈臂回收至臍腹前右轉腰
（胸朝北偏西），左拳變掌領氣，經右拳臂上方橫向左側
方向（西）伸臂推掌，同時左腳略扣，左腿坐胯沉氣踏實
中定好，右腿屈膝向上提，一氣由中分行發出彈開勁，成
左伸右屈的提腿獨立高探馬；最後，右腿鬆氣鬆落鬆震腳
定勢，成右側虛步高探馬。（圖 144、圖 145）

【練法要點】

本式為左高探馬。高探馬之義，高者揚其身，探者伸
其臂。

高探馬的練法特點主要有兩點，一是橫豎相生，二是
屈伸互變。如抓閉橫立圈為橫，接右拳纏繞翻轉、提震腳
為橫變豎的豎中有橫；左腳上步進身為豎，接右沖拳、左
轉腰、左橫臂為豎中有橫、橫中有豎；獨立推掌高探馬的

圖 144

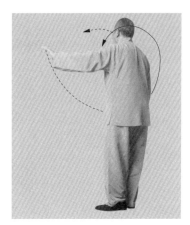

圖 145

左腳略扣、右轉腰、推左掌為豎變橫的橫中有豎。右沖拳是由屈變伸，左拳屈臂回收是由伸變屈；反之右拳屈臂回收是由伸變屈，左手推掌高探馬是由屈變伸。

　　除了掌握橫豎相生、屈伸相變的陰陽互濟之理外，還要掌握四個同步：一是雙拳按發與身到步到同步；二是右拳翻轉與提腿震腳同步；三是螺旋沖拳與身步齊到收左拳同步；四是推掌屈臂與提腿獨立同步。

　　【行氣要點】

　　前式雲手是以柔雲集氣為特徵的轉圈運氣法，本式高探馬是以閉氣剛發為特徵的抓閉運氣法，即承前式將雲集之氣閉住不外散，使之聚於丹中，充於身中，斂於骨中，貫於拳中，發於著中，如閉氣雙拳按發、閉氣翻拳震腳、閉氣上步沖拳、閉氣獨立推掌。

　　雙拳按發時，意注膻中氣發至拳梢，勁發於足根。

　　橫立圈抓閉時，氣運沖脈左升右降，採氣抓閉蓄聚丹

田。

翻拳震腳時，纏絲運氣轉沖帶、沉氣到腳到拳背。

上步沖拳時，丹田先吸氣蓄勁，當左腳一落步，丹田即呼氣發勁。

獨立推掌時，先氣沉湧泉蓄住勁，再一氣開發轉帶脈。

【用法要點】

雙拳按發橫開步是腿手並用的封閉捶按打靠打。按打指兩拳斜向下按打對方胯根；靠打指肩靠、肘靠、胯靠、腿靠，對著對方重心靠打。腿手並用，同時按靠。

橫立圈抓閉寓纏絲掤引和抓拿捋採。先掤擎彼身引落空，再順勢折疊抓拿捋採對方。

右拳翻轉為纏引拿按橫破直和解脫拿法。抓拿捋採是主動拿梢、拿勁、斷彼根，纏引拿按是不拿而拿的拿梢、拿勁、斷彼根。

上步沖拳為腿手並用的豎中有橫小擒打，其中，左腳上步是套封腿，左拳屈肘橫臂是橫向右的纏絲拿引（橫），右沖拳是正向前的螺旋擠打（豎）。

獨立推掌是在前勢腿手並用的上步沖拳基礎上，順對方後跌之勢推左掌橫擠打。並寓解脫拿法和左右雙打法。

總之，拳式運用時，橫豎要因勢而變，陰陽要順勢而換。

第二十二式 雲 手

1. 左捋右擠斜上步

接上式。右拳鬆手，與左手一起先向右下方鬆氣蓄引

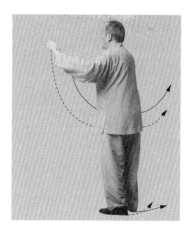

圖 146

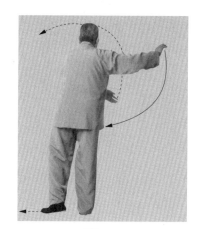

圖 147

一下，然後兩手左逆右順領氣領身，沿橫立圈右上弧線向左上方掤挒轉引左轉腰，同時領兩腿左順右逆，重心不變在左腿；再變左順右逆，沿左下弧線斜向右前方（東北）先按後斜擠，右手在上，左手在下，同時領身領右腳斜向右前方（東北）進步進身（胸朝北），左腳隨之跟步虛立右腳旁。（圖 146、圖 147）

2. 橫開左步左右運

接著，左腳向左（西）橫開一步，兩手領氣領身，分別沿橫立圈路線上下交錯，同向左右轉圈轉腰運手：先向左（西）分運左轉腰（胸朝西北），即左手逆纏，沿右上弧線轉運到左上方，右手順纏，沿右下弧線轉運到左下方，同時領兩腿左順右逆，重心左移；再折疊向右（東）分運右轉腰（胸朝東北），即右手變逆纏，沿左上弧線轉運到右上方，左手變順纏，沿左下弧線轉運到右下方，同

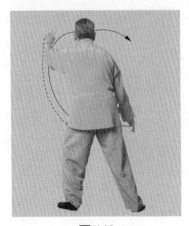

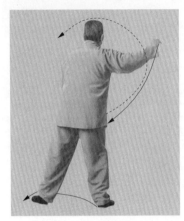

圖 148　　　　　　　　圖 149

時領兩腿右順左逆，重心右移。至此兩手各分運一圈回到原位。（圖 148、圖 149）

3. 左右再運倒插步

上動不停。再折疊左運（西）左轉腰，即左手逆纏，沿右上弧線轉運到左上方，右手順纏，沿右下弧線轉運到左下方，兩腿左順右逆，重心左移；再折疊右運（東）右轉腰右腳倒插步，即右手逆纏，沿左上弧線轉運到右上方、左手順纏，沿左下弧線轉運到右下方的同時，右腳經左腿後面向左側方向（西）倒插上步成交叉腿，重心在左腿。至此兩手各分運兩圈回到原位。（圖 150、圖 151）

4. 再開左步左右運

上動不停。左腳再向左（西）橫開一步，兩手再領氣領身重複動作 2，即先折疊左運（西）左轉腰，再折疊右

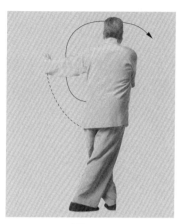

圖 150　　　　　　　　圖 151

運（東）右轉腰。至此兩手各分運三圈回到原位。參見圖
148、圖 149。

5. 左右再運再倒插

上動不停。再重複動作 3，即先折疊左運（西）左轉
腰，再折疊右運（東）右轉腰的同時，右腳再倒插步
（西）交叉。至此兩手各分運四圈回到原位。參見圖
150、圖 151。

【練法要點】

本式雲手是面朝北的從東向西、從右向左側身橫向運
動的左右折疊橫轉圈。與前式雲手相比，相同之處是：兩
手同樣交替同向分別轉運了四個橫立圈；右手同樣是順時
針轉圈，左手同樣是逆時針轉圈；兩腿同樣是橫行四步，
即兩次橫開步、兩次倒插步。

不同之處是：本式是面朝北，前式是面朝南；本式是

從右向左橫向運動，前式是從左向右橫向運動；本式左手是掤、捋、按、擠順序、右手是按、擠、掤、捋順序，前式右手是掤、捋、按、擠順序、左手是按、擠、掤、捋順序；本式是左腳橫開步、右腳倒插步，前式是右腳橫開步、左腳倒插步。餘見「第二十式雲手」。

【行氣要點】

參見「第二十式雲手」。

【用法要點】

參見「第二十式雲手」。

第二十三式　高探馬

1. 兩手旋腕轉圈合

接上式。右手先鬆氣蓄引一下，再兩手領氣，沿順時針小橫立圈路線先逆後順纏絲旋腕轉圈交合，右手沿右下弧線轉合到左手下方，左手沿左上弧線轉合到右手上方，似彈簧捲合一般。（圖152）

2. 左右開步開合圈

上動不停。兩手再沿大橫立圈路線開合運氣左右開步：即兩手先由下向上、由內向外沿橫立圈上弧線向兩邊逆纏上開，同時領左腳向左（西）橫開步，成上開手的開步雙開勢；再沿橫立圈左右弧線由上向下、由外向內順纏相合至胸前鬆氣、鬆腕、鬆蓄勢，左手在上，右手在下，同時領右腳向左腳旁騰挪虛收步，成合手合步雙合勢；再由上向下、由內向外沿橫立圈下弧線向兩邊逆纏下開，同

圖 152　　　　　　　　圖 153

時領身領右腳斜向右側方向（東北）閃身退開步（胸朝西
北），成下開手的開步雙開勢。（圖 153）

3. 上步推掌高探馬

　　上動不停。重心右移，收左腳，右手領氣領身領右
腳，順纏旋繞屈臂，經左手心上方平向前（西）上步進身
推掌，當右腳一踏實，腳尖略扣斜朝西偏南，左腳即跟步
虛立，左轉腰（胸朝西南），同時左手領氣順纏翻掌，手
心朝上，經右手心下方屈臂回收至臍腹前，一氣由中分行
發出彈開勁，成右伸左屈的左側虛步高探馬。（圖 154、
圖 155）

【練法要點】

　　本式為右高探馬，與前式左高探馬形成相反相成的陰
陽兩儀式。

　　左右兩式高探馬既有相同點又有不同點，相同點都是

圖 154

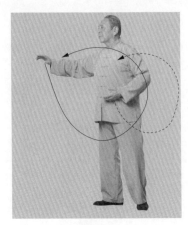

圖 155

屈伸互變、橫豎相生的向西推掌。不同點：一是運動環節
部位和動作方向不同。如前式是上左步、推左掌、右轉
腰、右腿屈提，本式是上右步、推右掌、左轉腰、左腿虛
立。二是拳式組合動作和運動特徵不同。如前式是雙拳按
發，本式是兩手轉合；前式是橫立圈抓閉翻拳提震腳，本
式是橫立圈開合左右開步；前式是向前上左步進身沖右
拳，本式是斜向右閃身退右步化引；前式是獨立步推左
掌，本式是側虛步推右掌；前式以抓閉剛發為主，本式以
纏絲柔化為主。

【行氣要點】

前式高探馬以抓閉運氣為主，本式高探馬以纏絲運氣
為主。

先纏絲旋腕運氣合丹田，即將上式雲集之氣向丹田中
心纏繞聚合，以積蓄氣能彈勁。

再環形纏絲運氣開合丹田，即先將丹田之氣由內而外

向全身開發（開丹田），再由外而內向丹田中心聚集（合丹田），並結合環形纏絲開合和胸腹折疊開合來增強氣能彈勁。

然後向下逆纏運氣開丹田，將氣能彈勁充貫四肢全體至兩勞宮、兩湧泉，再向中順纏運氣蓄合至丹田，並領身彈性騰挪閃展，為上步推掌做準備。

上步進身推掌將氣能彈勁鬆放出來的同時左轉帶脈。

【用法要點】

兩手順時針纏絲旋腕轉圈合手是纏黏化引拿捯法和反擒拿法。既可兩手接對方兩手纏黏轉合拿捯；也可以右手為主纏絲轉化反拿對方右手之拿，同時左手配合拿捯對方右肘臂。

開合橫立圈的兩手逆纏上開是先掤擎彼身引落空再運用動摩擦力纏粘纏拿捋對方；順纏下合是纏拿擒捯。

兩手逆纏下開閃身退步是反拿閃身法、引進落空法，寓腿手並用掌按法；結合進步推掌為以退為進法、引誘回沖法。

兩手由逆變順是纏絲拿梢斷彼根，能拿就能發，彼斷即可發，右腳順勢進步進身推掌發勁。右腳進步要過對方中線，即步要過人，而又身到步到手到，上下齊到是為真。

第二十四式　連 珠 炮

1. 轉圈抓閉撤收步

接上式。兩手先向左下方畫弧鬆氣蓄引左轉腰，同時領兩腿左順右逆；然後領氣領身，沿順時針混立圈路線順

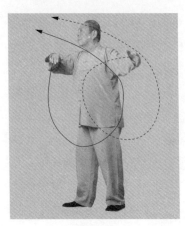

圖 156

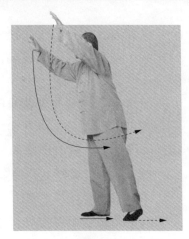

圖 157

逆纏絲轉圈轉腰：即先左順右逆，沿左後上弧線向右前上
方轉圈轉氣右轉腰，再左逆右順，沿右前下弧線向左後下
方轉圈轉氣左轉腰，同時領兩腿順逆互纏；接著再沿順時
針混立圈路線順逆纏絲轉圈抓閉撤收步：即先左順右逆，
沿左後上弧線向右前上方（西）轉圈轉氣右轉腰、再邊抓
氣虛握拳邊左逆右順，沿右前下弧線向左後下方（東）閉
氣轉圈蓄勢，同時領身領左腳騰挪向後（東）撤步退身虛
收右步。（圖 156～圖 158）

2. 進步跟步一沖炮

上動不停。兩拳再暗暗抓閉一下，即領氣領身領右腳
側身橫向前（西）進步進身一沖炮，當右腳一踏實，左腳
跟步貼地震踏，鬆腰旋抖，勁起足根發出崩彈勁。（圖
159～圖 161）

圖 158

圖 159

圖 160

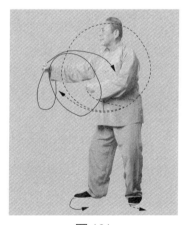

圖 161

3. 轉圈抓閉再撤步

接著重複動作 1，即兩拳鬆手，先向左下方畫弧鬆氣蓄引左轉腰，再沿順時針混立圈路線纏絲轉圈轉氣左右轉

腰,再沿順時針混立圈路線轉圈抓閉運氣蓄勢,並領身領左腳向後(東)撤步退身收右步。參見圖156～圖158。

4. 進步跟步二沖炮

然後重複動作2,即兩拳領氣領身領右腳,再側身橫向前(西)進步進身二沖炮,當右腳一踏實,左腳跟步貼地震踏、鬆腰旋抖發出崩彈勁。參見圖159～圖161。

5. 轉圈抓閉三撤步

再重複動作1,兩拳鬆手向左下方鬆氣蓄引左轉腰,再順時針纏絲轉圈轉氣轉腰,再順時針轉圈抓閉向後(東)撤步退身收右步蓄勢。參見圖156～圖158。

6. 進步跟步三沖炮

再重複動作2,兩拳領氣領身領右腳,再側身橫向右(西)進步進身三沖炮,右腳一踏實,左腳即跟步貼地震踏,鬆腰旋抖發出崩彈勁。參見圖159～圖161。

【練法要點】

混元太極拳的連珠炮練法是兩圈一炮,每一次沖炮都是纏絲圈、抓閉圈和折疊沖炮的有機組合,每一次沖炮都是拳功用三法合一的單式單操,每一次沖炮都是纏絲混元圈和陰陽五行八法的完美結合。拳式內涵豐富,編排合理合法,功效顯著全面。

連珠炮之義是連續多次向同一方向進步進身沖炮,似連珠而發。

連珠炮特徵是側身橫向運動,如側身橫轉圈、側身橫

抓閉、側身橫進退、側身橫沖炮，側顧左右，開拓橫進。

練習時要掌握兩個同步、一個節奏，兩個同步即抓閉採收與撤步收步同步，沖炮發勁與身步齊到同步；一個節奏即以退為進與屈伸縱放的彈性節奏。

【行氣要點】

兩手領氣順時針混立圈轉圈是氣運沖脈左升右降的同時，循任督兩脈後上前下並沿帶脈右轉圈，使氣貫通全身，充盈滿足。

抓閉轉圈是採氣抓閉，閉氣轉運，使內氣不出，外氣不入，即閉住體內之氣，蓄聚氣能彈勁，全身內外敷氣蓋勁，為沖炮發勁做準備。

沖炮發勁時，氣能彈勁猝發似電能暫態釋放，驚炸崩彈。

【用法要點】

兩圈一炮也稱連環連珠炮，第一圈為纏絲化引掤捋圈，第二圈為纏絲抓拿捋採圈，進步沖炮為側身進步擠靠打，體現了縱放屈伸人莫知、諸靠纏繞我皆依的用法特點。

抓閉撤步與進步沖炮為以退為進、引誘回沖、伏身起發、閃進打顧。其要點，一是發步進入須進身，身手齊到是為真；二是進攻退閃莫遲疑，引進落空箭出弓。

第二十五式　撇 身 捶

1. 開合圈收步開步

接上式。兩拳先向下鬆氣蓄引一下，再暗暗抓閉聚氣

領身領兩腳，沿逆時針橫立圈路線右合左開，收右步開左步：先順纏右合右轉腰，即右拳沿右上弧線順纏轉合到左胸前，左拳向右下順纏合到右腹前，同時領兩腿右順左逆；再逆纏左開，左轉腰收右步，即左拳沿右上弧線經右臂外側斜向左上方（東）逆纏掤開，右拳沿左下弧線經左臂內側斜向右下方（西）逆纏按開，同時領兩腿左順右逆，並隨重心左移右腳向左腳旁騰挪虛收步；兩拳不停，再順纏，右合右轉腰開左步，即左拳沿左下弧線順纏轉合到右腹前，右拳沿右上弧線順纏轉合到左胸前，同時領腰身迴旋右轉，重心換到右腳、左腳向左（東）橫開步沉氣蓄住勁。（圖 162）

2. 左撇身開拳開勁

接著，左拳為主以拳眼領氣，右拳為輔以拳輪領氣，一起平向左（東）右（西）兩側雙開；同時領腰身折疊向左撇轉旋抖，兩腿左順右逆，重心左移發出捌彈勁（胸朝東南），左拳心朝上，右拳心朝下。（圖 163）

【練法要點】

本式撇身捶是返身向左的銜接式，屬開拓橫進運動，由活步斜開合橫立圈和定步撇身雙分平圈組成。

活步斜開合橫立圈是左顧右盼橫進步，圈隨步橫運，步隨圈橫行，側顧左右，開拓橫進。

定步撇身雙分平圈是平著將勁折疊甩發出去，形成以左拳為主、右拳為輔的彈性雙開捌勁。

本式也可不發勁，似彈簧開合捲繞一般，使周身敷氣蓋勁，積蓄彈性勢能，為下一式做準備。

圖 162　　　　　　　　圖 163

【行氣要點】

活步開合橫立圈是抓閉運氣圈，全身閉氣升降循環運轉衝脈的同時轉帶脈，似彈簧捲繞一般積蓄氣能彈勁。

定步撤身雙分平圈是閉氣發勁的同時左轉帶脈轉丹田，似彈簧彈開一般釋放氣能彈勁。

【用法要點】

活步開合圈是閃身橫進法、轉引落空法。

定步撤身捶既是左右雙打法，又是兩拳平捯法。左腿在下配合而成腿手捯，即左腿套封對方前之右腿外側並進身，兩拳順勢雙開平捯對方右臂的同時領身向左撤轉，形成左拳與左腿上下配合的腿手捯。其中，左腿套封為豎，左拳撤身為橫，即手腳齊進豎中橫，上下相隨妙無窮。參見用法圖 6～用法圖 8。

用法圖6

用法圖7

用法圖8

第二十六式　腰　攔　肘

1. 抓閉翻拳騰身跳

接上式。左拳邊逆纏鬆手邊向右下方鬆氣蓄引右轉

圖 164

圖 165

腰，同時領兩腿右順左逆，重心右移；然後左手領氣領身，先沿橫立圈右上弧線向左上方（東）轉圈掤引左轉腰，同時領兩腿左順右逆，重心左移；再邊抓氣握拳沿左下弧線向右下方採收蓄勁、邊領腰身右轉重心右移收左步；當右腳一踏實即沉氣蹬地，同時左拳背領氣，以肘為軸右上左下圓活快捷地順纏翻轉一圈，拳背轉朝下，借左拳翻轉之勢和右腳蹬地的大地反作用力，領左腿屈提上跳、領身騰起左轉 90°（胸轉朝東）；

　　當左腳將落未落之際，即換右腿連著屈提上跳，左腳下落時換向原右腳位置落步，同時右拳屈臂與腰、右腿一起蓄勢合住勁。（圖 164、圖 165）

2. 換步拗轉腰攔肘

　　緊接著，右拳橫臂屈肘合住腰勁，領氣領身領右腳，一起沿逆時針平圈右弧線向左（北）拗轉攔擊扣腳落步

圖 166　　　　　　　　圖 166 附圖

（胸轉朝北），右腳換向原左腳位置落步，左腳順勢轉正朝北，當右腳一落步，即鬆腰旋抖、勁起足根發出橫臂肘彈勁，同時左拳變掌領氣，向身前攔回拍擊右臂肘發出擊響聲。（圖 166、圖 166 附圖）

3. 活步拗轉橫擊肘

左手扶合右臂肘不變，右肘領氣，先沿右後上、左前下逆時針混元圈路線圓活快捷地拗轉一圈，同時領腰身先右後左轉，領右腳向左腳旁騰挪虛收步，意由肩井向湧泉沉氣，周身與右肘蓄勢合勁；隨即右肘領氣領身領右腳橫向右（東）開步進身擊肘（胸朝北），當右腳一踏實，左腳即橫跟步貼地震踏，同時鬆腰旋抖、勁起足根發出肘彈勁。（圖 167、圖 168）

【練法要點】

腰攔肘主要是跳步翻身、腰肘合一的逆時針橫向拗轉

圖 167　　　　　　　　　圖 168

運動，也稱拗攔肘。拗指逆、折斷。由左手抓閉橫立圈、跳步換位翻轉圈、拗攔肘橫平圈和拗攔肘橫擊圈組成。

　　跳步翻轉換位是左拳翻轉領跳、左腿屈提上跳、右腳蹬地彈跳三者共同作用結果；換位是兩腳跳步下落時互換位置換方向，即原地跳步換位、移形轉體換向（南換北）。練習時要求做到，起落輕靈而不失沉穩，顧盼閃展而富有彈性。

　　腰攔肘是腰肘合一地逆時針橫向拗轉攔擊肘。本式共有兩次拗攔肘，一是跳步後右拳橫臂屈肘，沿逆時針水平圈路線橫向左拗轉攔擊，左手亦為攔手；二是活步右屈肘，沿逆時針混元圈路線向左逆纏拗轉橫向右攔擊。要掌握好兩次拗攔肘的蓄發相變之節奏。

　　【行氣要點】

　　左手抓閉橫立圈是氣運沖脈右升左降的同時氣轉帶脈，並抓閉聚氣蓄勁，使全身充滿彈性張力，為跳步翻轉

和腰攔肘做準備。

左拳順纏翻轉圈是閉氣轉運沖脈右升左降同時，領氣由下丹田上行至上丹田，並由陽蹺陽維上行領身輕靈跳步騰起。

拗攔肘橫平圈是閉氣左轉帶脈轉丹田的同時，瞬時釋放氣能彈勁發出橫臂肘勁，氣足而聲響（左手拍擊右臂聲）。

拗攔肘橫擊圈是閉氣轉運沖帶任督的同時，將氣集中右肘並沉氣蓄勁，即氣聚一粒、力發一點，向右橫擊發出肘彈勁。

【用法要點】

腰攔肘屬肘打法。兩次腰攔肘用法各有不同，前者是右拳橫臂屈肘合住腰勁逆時針平著橫向左拗轉攔擊，後者是右屈肘逆時針拗轉擒捌橫擊。既可用於散手，又可用於推手。

前者腰攔肘運用，若對方左手抓住我左手，我順勢纏絲反拿翻轉攔化，同時右腳換步封攔對方體前，右拳橫臂屈肘貼靠對方後背或左臂肘向左拗轉攔擊發勁；若對方兩手抓住我兩手，我以左手順纏翻轉化引攔拿彼右手，同時以右橫臂肘貼靠彼左臂肘，合住腰勁一起橫向左拗轉捌靠攔擊。

後者腰攔肘運用，若對方右手抓住我右手時，我順其抓勢，邊用左手合住彼右手不使其脫，邊右腳進步進身左轉，右肘向左逆纏拗轉擒拿彼右臂肘，再橫向右拿捌攔擊。

第二十七式　順　攔　肘

環形順攔雙擊肘

接上式。右拳鬆手，與左手一齊先向下鬆氣蓄引一

下；然後兩手領氣領身，沿上開下合橫立圈路線順攔轉圈胸腹折疊：先由下向上、由內而外向兩邊逆纏轉開開胸腹，再由上向下、由外而內向中間邊抓氣虛握拳，邊順纏轉合至胸腹前屈臂交合合胸腹，同時領右腳向左腳旁騰挪虛收步，意由肩井向湧泉沉氣，周身與兩肘蓄勢合勁；隨即，兩肘領氣領身領右腳，橫向右（東）開步進身斜向體後兩側彈射（胸朝北），當右腳一踏實，左腳即橫跟步貼地震踏，鬆緊突變、勁起足根發出肘彈勁。（圖 169～圖 171）

【練法要點】

順攔肘是指上開下合橫立圈的順轉攔截雙擊肘運動（下開上合橫立圈為反轉運動），似鸞展翅合翅一般，故也稱順鸞肘。雙擊肘是由中斜向體後兩側約 45°方向彈射發勁。

掌握好胸腹折疊與屈伸開合、蓄發相變與鬆緊突變的彈性節奏。

本式練習有三種步法：一是右腳先收步、再橫向右進

圖 169

圖 170

圖171　　　　　　　　　圖171附圖

步進身跟左步運動；二是右腳不收步也不橫進步進身的定步運動；三是先左腳橫向左撤步閃身收右步、再右腳橫向右進步進身跟左步的活步運動。

【行氣要點】

上開下合橫立圈是乾坤開合運氣圈，在氣運沖脈和開丹田、合丹田的同時，抓閉聚氣蓄勁，即採聚天、地、人三才之氣，積蓄意、氣、體氣能彈勁，為雙擊肘做準備。並掌握一氣屈伸之理，即伸要伸得盡，屈要屈得緊，似捲炮仗捲得緊，才能崩炸有力。

【用法要點】

順攔肘也是肘打法。混元太極的順攔肘用法合理，內涵豐富，巧妙多變，一式多用。

一是雙肘雙擊用法，即由兩手臂順攔圈產生的纏絲旋轉離心反彈力在解脫雙人之拿的同時轉引對方順勢雙擊肘。

一是右肘為主用法，即利用順攔圈的旋轉離心力將對

方攔引閃轉到我身右後，再順勢斜向後擊肘。

一是解脫摟抱用法，即由順攔圈和胸腹腰背折疊開合的彈性勢能阻攔並解脫對方後抱，再順勢向後擊肘。

第二十八式　穿心肘

右肘順轉穿心肘

接上式。兩臂屈肘不變，右肘領氣，沿順時針混元圈路線左上右下圓活纏繞旋轉一圈，同時領腰身圓活地先左後右再左轉，領右腳向左腳旁騰挪虛收步，意由肩井再向湧泉沉氣，周身與右肘再蓄勢合勁；然後右肘領氣領身領右腳，再橫向右（東）開步進身斜向右後上方（東南）穿射（胸朝北偏東），當右腳一踏實，左腳再橫跟步貼地震踏，鬆腰旋抖、勁起足根再發出肘彈勁。（圖172、圖173、圖173附圖）

圖 172

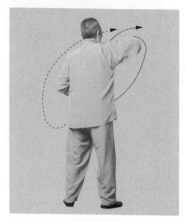

圖173   圖173附圖

【練法要點】

穿心肘是右肘螺旋線轉圈與斜直線穿射相結合的運動，合稱纏絲轉圈斜穿射。前者為纏絲肘，後者為斜穿肘，屬古拳譜中「截進遮攔穿心肘」拳法。

本式亦可分三種身、步法來練習。

【行氣要點】

右肘順轉圈是單肘纏絲混元氣圈，一方面以肘領氣順時針纏絲轉運沖、帶、任、督和蹺、維，另一方面以肘領身纏繞胸、腹、腰、脊、肩、胯、腿，精氣神與筋骨肉邊伸縮捲繞邊纏絲混合，以產生彈性旋轉離心力，並為穿心肘積蓄氣能彈勁。斜穿肘是斜向右後上方瞬時釋放氣能彈勁。

【用法要點】

本式亦是肘打法。其特點是纏引落空、閃進肘打，即由右肘纏絲轉引落空閃驚對方，再利用旋轉離心力的慣性

作用順勢閃進斜穿肘將對方彈擊出去。

第二十九式　窩裏炮

轉圈抓閉窩裏炮

接上式。兩拳先鬆手向左下方鬆氣蓄引左轉腰，再左順右逆領氣領身，沿順時針混立圈的左後上弧線向右前上方（東）轉圈轉氣右轉腰，再邊抓氣虛握拳邊左逆右順，沿右前下弧線向左後方採收蓄引左轉腰，重心左移，右腳騰挪虛收步；隨即兩拳領氣領身領右腳，向右（東）側身進步折疊回沖，當右腳一踏實，兩拳即從懷裏沖出，同時左腳跟步貼地震踏，鬆腰旋抖、氣出丹田、勁起足根發出崩彈勁，成右弓馬步窩裏炮（胸朝北偏東）。

右立拳沖伸在前，左立拳屈窩在後，即窩藏在懷裏不露出來。（圖174～圖176）

圖174　　　　　　　　　圖175

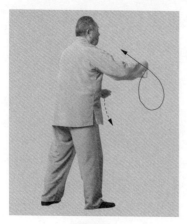 

圖176　　　　　　　　圖176附圖

【練法要點】

窩裏炮一式由抓閉圈和窩裏炮兩勢組成。抓閉圈是左後上、右前下的順時針混合立圈。窩裏炮是側身進步折疊回沖炮。

窩裏炮之義，一是窩裏發炮，即捶自懷裏發出；二是發而窩藏，即左拳藏匿懷裏。

本式亦可分三種身、步法來練習。

【行氣要點】

抓閉圈是混合抓閉運氣圈，即氣運沖脈左升右降的同時循任督後上前下並轉帶脈，採氣抓閉，聚氣蓄勁，為沖炮積蓄氣能彈勁。

窩裏炮是丹田呼吸鼓蕩，以氣催身進步，鬆放崩彈發炮，釋放氣能彈勁，即氣出丹田發四梢，身似弓弦手似箭。

【用法要點】

窩裏炮屬引誘回沖打法，即順勢纏拿左捋採，引進落

空回沖炮。右拳為明手、先手，左拳為暗手、後手，即左拳藏匿在後伺機擊打對方右肋。

　　沖炮時要掌握兩點：一是身要攻人，步要過人，近身靠打，窩裏發炮；二要乘擊而襲，乘襲而擊，虛而實之，實而虛之，即左右兩拳襲擊相因，虛實互變。

第三十式　雀地龍沖炮

1. 活步開合左撇身

　　接上式。兩拳先向下鬆氣蓄引一下，然後領氣領身領兩腳，沿逆時針橫立圈路線活步開合反轉圈，返身向左撇身捶：先順纏右合右轉腰，即右拳沿右上弧線轉合到左胸前，左拳向右轉合到右腹前；

　　再逆纏左開左轉腰收右步，即左拳經右臂外側沿右上弧線轉開至左上方，右拳經左臂內側沿左下弧線轉開至右下方，同時重心左移，右腳橫收步；

　　再順纏右合右轉腰開左步，即左拳沿左下弧線轉合到右腹前，右拳沿右上弧線轉合到左胸前，同時領重心右換，左腳向左（西）橫開步；

　　接著折疊返身向左撇身捶，即左拳為主以拳眼領氣，右拳為輔以拳輪領氣，一起平向左（西）右（東）兩側綿綿開勁，同時領腰身返向左撇轉（胸朝西北），兩腿左順右逆，重心左移。（圖177～圖180）

圖 177

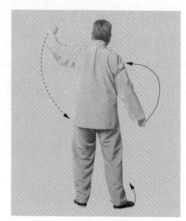

圖 178

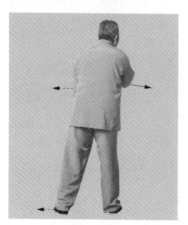

圖 179

圖 180

2. 逆纏撐開左仆步

然後兩拳領氣領身，先向左轉圈合勁左轉腰，即右拳沿順時針橫立圈的右下弧線向左前下方轉合到左臂下方，

左拳沿左上弧線屈臂轉合到右臂上方，同時領右腳略調整；
再向右閃身逆纏撐轉開勁左仆步，即右拳經左臂外側沿左前
上弧線向右後上方逆纏轉圈撐開（東），左拳經右臂內側沿
右後下弧線向左前下方逆纏轉圈撐開（西），同時領腰右撐
（胸朝北偏東），伏身後閃，
兩腿右順左逆，右腿屈蹲左仆
步成雀地龍伏勢。（圖 181、
圖 182、圖 182 附圖）

3. 順纏撐合左弓步

　　上動不停。再折疊向左順
纏撐轉合勁左弓步，即左拳邊
順纏撐合邊向前（西）穿擠，
右拳邊順纏撐合邊屈臂合到右
腹腰側，同時領腰左撐（胸朝

圖 181

圖 182

圖 182 附圖

圖 183

圖 183 附圖

西），起身前湧，兩腿左順右逆，左腳轉正左弓步成雀地龍起勢。（圖 183、圖 183 附圖）

4. 右腳進步沖右炮

丹田略吸氣，重心略後移，左腳略外撇，隨即右拳領氣領身領右腳，向前（西）進步進身逆纏沖炮，同時左拳屈臂往回收拉掛肘，當右腳一落

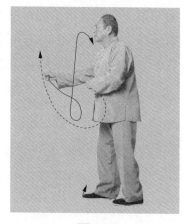

圖 184

步，即丹田呼氣、左腳跟步貼地震踏、勁起足根發出崩彈勁（胸朝西偏南），成進步崩拳勢。（圖 184）

【練法要點】

雀地龍沖炮的運動特點是下勢前沖、伏身起發。本式

由左撇身捶、雀地龍和進步沖炮三部分組成，即一式三招。

左撇身捶是返身向左的銜接勢，屬側身開拓橫進、撇身平分開勁運動。勁由內運，綿綿開勁不發勁。

雀地龍包括伏身下勢和起勢湧身，屬定步大閃展、大身法運動。雀者，活潑雀躍之喻。前後閃展，高低起伏，左右擰轉，順逆纏絲，似地蛇遊走靈活，似龍身纏繞圓活。伏身下勢時，腰腿好者可下得低些，老年人可高些。

進步沖炮是進步崩拳勢，屬縱放屈伸運動，要求身到步到拳到，意到氣到勁到。左腳可跟步，亦可不跟步，視右腳進步大小而定，進步大則跟步，進步小則不跟步，總之兩腳步距不宜大。

【行氣要點】

活步開合反轉橫立圈是氣運沖脈右升左降循環周流，氣聚丹田周身合勁，似彈簧纏綿捲繞。左轉撇身雙分平開圈是氣運帶脈左轉圈，氣開丹田全身開勁，似彈簧綿綿開捲，為雀地龍積蓄氣能彈勁。

雀地龍的逆纏擰開正轉橫立圈是氣運沖脈左升右降右轉帶脈、全身逆纏開勁開丹田的同時，催身向後伏閃下勢；順纏擰合是左轉帶脈、全身順纏合勁合丹田的同時，催身向前弓步穿擠。

上步沖炮是丹田先吸後呼，氣由後丹田直奔前丹田，一氣鼓蕩發動，催身進步沖炮，梢領中隨根節催，三節發力螺旋勁。

【用法要點】

雀地龍的伏身下勢，一是解脫拿法；二是上引下打法；三是右擰捋引法，即先運用纏絲轉圈左合的纏拿橫勁

拿梢斷根引落空，再順勢運用動摩擦力的逆纏黏勁結合右擰轉的伏身下勢將對方轉捋出去。

雀地龍的起勢湧身與伏身下勢形成折疊回沖兩用法。如逆纏右擰解脫對方拿法後，順勢折疊回沖左擰擠打；或上勢右擰捋引時，若對方變招化去我的捋勁，我即順勢折疊回沖順纏左擰將對方擠發出去。

上步進身沖炮是逆纏螺旋沖打法。既可單用，又可與雀地龍的起勢湧身配合用，單用時為進步崩拳，配合用時為進步追打。運用時，神要攝人，意要奪人，氣要穿人，身要攻人，步要過人，拳要破人，身進步進拳進，一進全進，上下齊進；意到氣到勁到，一到俱到，內外齊到。

第三十一式　插腳攔截炮

翻拳插腳攔截炮

接上式。右拳領氣領身，先向左下方鬆氣蓄引左轉腰，再以肘為軸，沿順時針橫立圈路線在身前左上右下順纏翻轉攔截一圈至右腹腰側蓄住勁，同時領右腿外旋擺腳墊步右轉腰，緊隨著左拳鬆手領氣，亦沿順時針橫立圈路線在身前左上右下橫轉攔截一圈至左下方蓄住勁，同時領重心前移、右腳踏實、左腳前上步虛立蓄住勢；

隨即，左手領氣領身領左腳，沿斜平圈左弧線向前（西）插腳進步進身攔轉半圈，當左腳一落步，右拳即領氣領右腳向前（西）跟步砸拳截打，同時左手回攔迎接右拳發出擊響聲（胸朝西），兩拳手高與胸平，成插腳攔截炮勢。（圖185～圖188）

圖 185

圖 186

圖 187

【練法要點】

插腳攔截炮是散手炮拳法。插腳指左腳插入的套步封攔；攔截指右拳左手的阻攔截打。共有三次攔截，一是右拳翻轉攔截，二是左手橫轉攔截，三是左手平轉攔截與左

圖 188　　　　　　　　圖 188 附圖

插腳攔截、右砸拳截打相結合的腿手並用攔截。

　　插腳攔截炮的運動特徵是橫中豎、攔中進。右拳翻轉圈和左手橫轉圈為橫攔化引，插腳攔截炮為豎攔進擊，即邊攔邊進橫變豎。其進時，身、手、拳、步與心、膽、氣配合，一進全進，勇往直前。

　　兩腳步距不宜過大，若左插腳進步大，則右腳要跟步；若左插腳進步小，則右腳不跟步。還有一種前後進退引誘回沖的活步練法，即右拳翻轉圈時，右腳先向後撤步退身左手橫轉圈，再左腳進步進身攔手砸拳跟右步。

　　【行氣要點】

　　右拳翻轉圈是氣運沖脈左升右降右轉帶脈，為攔截炮砸擊蓄聚氣能彈勁。

　　左手橫轉圈亦是氣運沖脈左升右降並運化胸腹腰間，沉達腳底湧泉，為攔截炮進步積蓄前進動能。

　　進步插腳攔截時先開一下丹田氣充全身，右拳砸截合

手時全身之氣迅疾聚合丹田，似陰陽正負兩極暫態閉合放電，在釋放氣能彈勁的同時發出擊響聲。擊響聲取決於內氣功夫，氣足而聲響，勁足穿透骨。

【用法要點】

插腳攔截炮是腿手並用的攔截打法，屬古拳譜中的「截進遮攔」和「截前壓後」兩用法。攔者阻攔、遮攔，截者攔截、截斷。右拳翻轉和左手橫轉是截進遮攔法；插腳進步和攔手砸拳是截前壓後法，也是截氣打。

三次攔截用法各有不同：右拳翻轉圈是截進、攔截、攔化彼手；左手橫轉圈是截進、遮攔、攔開彼手；左插腳進步套封彼前腿攔後的同時，左手平轉攔截彼身後，右拳砸截彼前胸是截前、壓後、截打對方，即手腳齊進，上下同攔，截壓彼後，使對方走不脫，隨之用右拳砸截彼前胸，似將彼身截斷，或將彼截打跌出。可參見用法圖 9～用法圖 12。

用法圖 9

用法圖 10

用法圖 11　　　　　　　　用法圖 12

第三十二式　翻花舞袖

轉圈翻身換步跳

接上式。右拳鬆手，與左手一起先向右下方鬆氣蓄引右轉腰，同時兩腿右順左逆，重心右移；然後兩手先左逆右順再變左順右逆領氣領身，沿順時針縱立圈路線後上前下圓活旋轉一圈，同時腰身先左轉再向右閃轉，兩腳順逆互換，重心由左回到右；當右腳一踏實即沉氣蹬地，兩手再領氣，沿順時針縱立圈路線後上前下快捷翻轉一圈，借大地反作用力和向上翻轉的慣性勢能，領身原地跳起並折疊向左閃轉 90°（胸轉朝西南）。落步時，兩腳沿東南和西北兩個斜方位依次換步下落，左腳先落步，位在東南，由前步變後步踏實，腳尖斜朝南偏西，右腳後落步，位在西北，由後步變前步虛立，腳尖正朝西。兩手翻轉過來斜

圖 189

圖 190

圖 191

向體前劈掌下按，左手在後，右手在前，兩手心斜朝下。（圖 189～圖 191）

【練法要點】

翻花舞袖是原地轉圈翻身跳步換步運動。所行之圈是順時針縱立圈。共行兩圈，第一圈是初始圈，以積蓄旋轉動能；第二圈是加速度圈，以增強旋轉動能，並結合沉氣蹬地的大地反作用力，完成翻身跳步轉體。

練習要點是，一轉圈、一閃身、一跳步、一換步、一劈掌，一轉而就，一跳即翻。

落步時注意緩衝。老年人可不跳，即在原地轉身換

步,但要有沉降騰挪之意。

【行氣要點】

兩圈都是氣運任、督兩脈和陰、陽、蹻、維,即循督脈和陽蹻、陽維上升,順任脈和陰蹻、陰維下降,陰陽升降循環的同時氣轉帶脈轉腰轉體。

第一圈是定步運氣圈,以積蓄氣能彈能、旋轉動能。

第二圈是跳步運氣圈,氣如車輪,催身翻轉;氣貫雙掌,閃身劈打。

【用法要點】

本式屬閃身跳步的翻轉劈打。第一圈為纏絲掤捋,第二圈為跳步劈打(按打)。先順對方來勢纏絲轉引落空或纏絲拿梢斷根,再閃身跳步翻轉劈掌按打。跳步以增強劈砸彈簧勁。

第三十三式　轉身劈掛掌

1. 左轉回身左劈掛

接上式。先左手向身後下方(東)鬆氣蓄引一下左轉腰,同時右手下鬆,兩腿左順右逆;接著,左手臂領氣領身,沿前上後下逆時針縱立圈路線折疊向後(東)轉圈劈掛,向左回身倒轉後變前(胸朝東南),同時領右腿騰挪向左橫移步內旋扣腳踏實變後步,左腿外旋轉腳虛立變前步;左手臂轉過來不停,再沿後上前下順時針縱立圈路線向前(東)轉圈劈掛左轉腰(胸朝東),當左掌向下劈落時,左腿順勢向上屈提迎接,左掌拍擊左大腿發出劈啪聲。(圖192～圖194)

圖 192

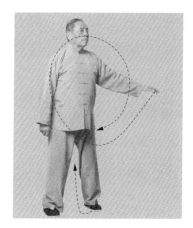

圖 193

圖 194

2. 右掌劈掛進右步

左手、腿一拍即鬆落，換右手臂領氣領身領右腳，沿順時針縱立圈的前下路線向前（東）進步進身彈性劈掛，

圖 195

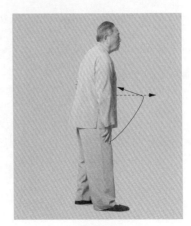

圖 196

當右腳一落步，左腳即跟步，左手心向上迎擊右前臂發出劈啪聲再一起下落，右掌順下落之勢拍擊右大腿發出劈啪聲。（圖 195、圖 196）

【練法要點】

轉身劈掛掌是散手炮拳法，屬通臂拳、劈掛掌，也是劈砸炮的一種。由轉身左劈掛掌和進步右劈掛掌兩勢組成。前者是反身法，即反身顧後後即前；後者是進步法，即劈打推壓須進步。

劈掛掌之義，是手掌似刀斧一般，對著目標懸空向下劈砸破開。劈掛掌的運動特徵，是手臂似鞭子一樣，鬆伸放長、充滿彈性的折疊鞭打運動，即劈掛鞭打時先向欲要鞭打方向的反方向運動一下，以積蓄彈性鞭打能量，再折疊鞭打由質量大的近端環節向質量小的遠端環節即「鞭梢」手掌依次傳遞釋放能量，產生打擊力。

劈啪響聲是左手鬆接右手臂和右掌順勢放鬆下落拍打

大腿產生的，是氣足充身、充手、充臂、充腿的互擊效果，不要故意用力拍擊，不要片面追求響聲。

【行氣要點】

轉身左劈掛掌有兩次運氣圈，一是反轉縱立圈的氣運任督前升後降倒轉周天，二是正轉縱立圈的氣運任督後升前降順轉周天。由於身法方向不同，所以左手雖是順一個方向轉圈，而運氣方向卻相反。

進步右劈掛掌則是正轉縱立圈的氣運任督後升前降順轉周天。並且在運氣通背轉周天的同時，要用意伸筋拔骨鬆放長、運氣通臂氣貫掌，從而形成氣足勁長有彈性的通臂劈掛鞭彈勁。

氣發而為聲，氣足而聲響，劈啪響聲取決於內氣能量充盈程度，氣充足則響聲似雷鳴。

【用法要點】

劈掛掌屬古拳譜中「橫直劈砍」拳法，亦是閃進打顧法。

轉身左劈掛掌，一是反身後打法，即利用閃身回轉的距離變化和彈性伸長的身法、手法，在對方尚未打到我時，我已打到他了。二是腿手並用法和上驚下取法，即左掌向下劈砸的同時，左膝向上提頂。

進步右劈掛掌時，先看步位，後下手勢；手腳齊進，身手齊到；潑辣膽大，進殫其力。其用法有二：一是正劈掛，即左手接對方右手向上擎引彼身的同時，右掌正對著對方臉面劈頭掛面；二是斜劈掛，即左手接對方右手向左轉引的同時，右掌斜對著對方左頸橫直劈砍。

圖197　　　　　　　　　　圖198

第三十四式　進步螺旋沖炮

1. 一進步螺旋沖炮

接上式。右手先向前鬆氣鬆伸蓄引一下，再抓閉虛握拳，由伸變屈順纏往回收拉至右腹腰側聚氣蓄勁，同時領右腰腎向後虛抽換，右腳向左腳旁騰挪虛收步，左手虛握拳領氣向前（東）對稱虛伸引；隨即，丹田先吸氣，然後右拳領氣領身領右腳，平向前（東）進步進身由屈變伸逆纏螺旋沖炮，當右腳一落步，丹田即呼氣、左腳跟步貼地震踏、勁起足根發出崩彈勁，同時左拳先暗暗向前鬆一下，再抓閉虛握拳，由伸變屈順纏對稱往回收拉至左腹腰側掛肘。（圖197、圖198）

2. 再進步螺旋沖炮

接著，右拳先暗暗向前鬆氣鬆伸蓄引一下，再抓閉虛

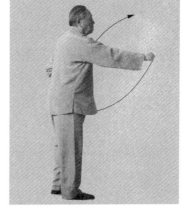

圖 199　　　　　　　　　　　圖 200

握拳，由伸變屈順纏往回收拉至右腹腰側聚氣蓄勁，同時領右腰腎向後虛抽換，右腳向左腳旁騰挪虛收步，左拳領氣，由屈變伸逆纏對稱向前（東）虛鬆引；隨即，丹田再吸氣，右拳領氣領身領右腳，再平向前（東）進步進身由屈變伸逆纏螺旋沖炮，當右腳一落步，丹田再呼氣、左腳跟步貼地震踏、勁起足根再發出崩彈勁，同時左拳先暗暗向前鬆一下，再抓閉虛握拳，由伸變屈順纏對稱往回收拉至左腹腰側掛肘。（圖 199、圖 200）

3. 三進步螺旋沖炮

再重複動作 2，右拳先鬆伸一下，再抓拳順纏屈臂收至右腹腰側，同時向後收右步，向前伸左拳；再丹田吸氣，右拳領氣領身領右腳向前（東）三進步進身螺旋沖炮，當右腳落步，再丹田呼氣、左腳跟步、勁起足根發出崩彈勁，左拳抓閉順纏屈臂收至左腰側掛肘。

【練法要點】

進步螺旋沖炮是散手炮拳法，其運動特徵為直前進步運動，由連進右步、連續螺旋右沖炮組成。

混元太極拳的進步螺旋沖炮與形意拳的進步崩拳既有相似之處，又有不同之點：

① 形意的崩拳是沒有螺旋的直線運動；太極的螺旋沖炮是螺旋穿伸的直線運動，像槍彈一樣具有螺旋穿透力。

② 形意是短拳，講的是短促崩彈勁，起始落點均勁力緊湊；太極是長拳，講的是鬆放崩彈勁，起始落點要鬆緊相摩，即始發時鬆伸放長、探臂送肩，到位時鬆緊突變、著身成拳。

練習時掌握好兩個同步，一是右屈左伸與收右步同步，二是右伸左屈與進右步、跟左步同步。前者為蓄、為引、為虛、為柔，後者為發、為進、為實、為剛。要把握好陰陽動靜、屈伸進退、鬆緊蓄發、虛實剛柔的轉換變化節奏和彈性運動節律。

【行氣要點】

進步螺旋沖炮屬一氣螺旋伸縮運氣法。細言之，每一次沖炮運氣過程可描述為四個方面即四次運氣：

① 先鬆氣放長開丹田，即右手先向前鬆伸，周身充氣蓄勁，似彈簧暗暗伸長，產生彈性勢能；又謂欲後先前、欲合先開。

② 再抓閉聚氣合丹田，即右拳抓閉順纏屈收，周身敷氣蓋勁，似彈簧漸漸收縮，積蓄彈性勢能；又謂斂神聚氣，一氣中伏。

③ 進步沖炮前，丹田先吸氣，即由中丹田吸至後丹

田,似彈簧壓縮,增強彈性勢能;又謂欲前先後、欲發先
蓄。

④ 到位發勁時,丹田即呼氣,由後丹田直奔前丹田,
逆纏沖炮左掛肘,似彈簧鬆開,釋放彈性勢能;又謂內外
合一、一氣鬆放,即內動(內氣發動方向)與外動(肢體
運動方向)合一、內力(氣能彈簧力)與外力(大地反作
用力)合一發出崩彈勁。

另外,每一拳無論是左拳還是右拳,收回來之前都要
先向前鬆氣鬆引鬆一下,再採氣抓閉虛握拳收回來,這既
有利於練習鬆伸放長彈簧勁,又有助於練習抓閉功,既練
拳又練功,拳功合一。

【用法要點】

進步螺旋沖炮是古拳譜中的「引誘回沖」典型拳法,
屬進步沖打,寓纏絲化引拿發,體現了「縱放屈伸人莫
知,諸靠纏繞我皆依」的技擊特點。靠就是打,即沖打、
擠打、沖靠、擠靠;纏繞就是順逆螺旋纏絲。右拳順纏屈
收收右步即為纏絲化引、引進落空;右拳逆纏伸沖進右步
即為纏絲拿發、回沖縱放。順纏屈收時外轉面為化引,同
時左手逆纏前伸給對方一偏轉力矩;逆纏伸沖時內轉面為
拿,同時內氣由中向前穿伸發出,將對方縱放出去。

運用時,一要掌握順勢化發之原則,即順對方來勢化
引,順對方落空找平衡方向發放;二要把握陰陽轉換之契
機,即屈伸從人而變,虛實由中而換。

除了進步沖打外,本式還寓一招兩勢、前後兩用法,
即前面右沖炮,後面左掛肘,前面以沖炮應敵,後面以掛
肘破敵,在群戰中起到防護後面的作用。

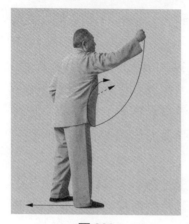

圖 201　　　　　　　　圖 202

第三十五式　退步掛肘炮

1. 右退步掛肘沖炮

接上式。右拳先鬆手，向左下方鬆氣蓄引左轉腰；然後領氣沿後上前下順時針縱立圈路線轉圈抓閉虛握拳，再接著以肘為軸後上前下順纏翻轉一圈收右步蓄住勁；隨即右肘領氣領身領右腳向後（西）退步退身掛肘，當右腳一落步，左腳即收步貼地震踏、勁起足根發出肘彈勁，同時左拳領氣平向前（東）逆纏螺旋沖炮發出崩彈勁，成一氣由中分行的右後掛肘左前沖炮之勢。（圖 201～圖 203）

2. 左退步掛肘沖炮

接著，左拳鬆手，向右下方鬆氣蓄引右轉腰，然後領氣，亦沿後上前下順時針縱立圈路線轉圈抓閉虛握拳，接

圖 203

圖 204

圖 205

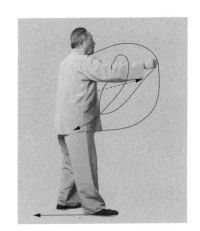

圖 206

著以肘為軸後上前下順纏翻轉一圈收左步蓄住勁；隨即左肘領氣領身領左腳向後（西）退步退身掛肘，當左腳一落步，右腳即收步貼地震踏、勁起足根發出肘彈勁，同時右拳領氣平向前（東）逆纏螺旋沖炮發出崩彈勁，成一氣由中分行的左後掛肘右前沖炮之勢。（圖 204～圖 206）

圖 207

3. 再右退步掛肘炮

接著重複動作 1，右拳鬆手向左下方鬆引，再順時針轉圈抓拳再以肘為軸順纏翻轉收右步，再右肘領氣領身領右腳向後（西）退步退身掛肘，右腳一踏實即收左步貼地震踏發出肘彈勁，同時左拳平向前（東）逆纏沖炮發出崩彈勁。（圖 207）

【練法要點】

退步掛肘炮是散手炮拳法，其運動特徵為向後退步運動。退右步時掛右肘沖左拳，退左步時掛左肘沖右拳，左右輪換退步，前後交替屈伸。前步變後步，後步變前步；前手變後手，後手變前手。

說退，身退、步退，一退全退，退閃無滯，而又退顧身前，前後相當，中定不倚。

一退步、一掛肘、一沖炮，同時進行，同步完成，而

又前後對稱，左右均衡，中正不偏。

【行氣要點】

退步掛肘前有兩個運氣圈，一是轉圈抓閉運氣轉周天，即氣運任督後升前降抓閉聚氣；二是閉氣纏絲翻轉轉丹田，即全身閉氣丹田內轉運任、督、沖、帶，積蓄氣能彈勁。

退步掛肘時，一方面意注祖竅，神意內斂，催身後退，同時丹田內吸，固住神氣，蓄而後發；到位發勁時，丹田呼氣，一氣鼓蕩，擇中分行，前後雙發。

【用法要點】

前式進步螺旋沖炮是向前沖炮為主的進步沖打法，兼向後掛肘的前後雙打法；本式退步掛肘炮是向後掛肘為主的退步肘打法，兼向前沖炮的前後雙打法。一進一退，前沖後掛，陰陽兩儀，相反相成。

退步掛肘前的兩個圈各有用法，一是以拿為主的纏絲轉引擒拿法，一是以化為主的纏絲翻轉化拿法，在牽梢斷根引落空的同時運用動摩擦力原理的纏粘掛肘勁退步掛發對方。

第三十六式　左右沖炮

1. 轉圈轉身左撤步

接上式。兩拳先鬆手，向右下方鬆氣蓄引右轉腰；再兩手領氣，領身沿後上前下順時針縱立圈路線纏絲轉圈抓閉握拳先左後右轉腰，同時領兩腿順逆互變，重心前後互換；緊接著再沿後上前下順時針縱立圈路線左順右逆掄臂

圖 208

圖 209

圖 210

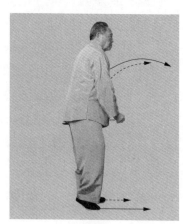

圖 211

翻轉一圈至身體左側，同時領身領左腳向後撤步（西），
左轉身 90°（胸朝東北），重心後移，右腳虛收步，身、
拳、步轉過來即沉氣蓄勁。（圖 208～圖 211）

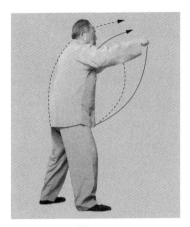

圖 212

2. 側身進步左沖炮

上動不停。丹田先吸氣，再兩拳領氣領身領右腳，側身斜向前上方（東）進步進身左沖炮，當右腳一落步，丹田即呼氣、左腳跟步貼地震踏、勁起足根發出崩彈勁。（圖 212）

3. 轉圈轉身右震腳

接著，兩拳鬆手，向左下方鬆氣蓄引左轉腰，再兩手領氣領身，沿後上前下順時針縱立圈路線纏絲轉圈抓閉握拳先右後左轉腰，同時領兩腿順逆互變，重心前後互換；緊接著再沿後上前下順時針縱立圈路線右順左逆掄臂翻轉一圈至身體右側，同時領右腿先屈提再鬆氣鬆落鬆震腳，右轉身 90°（胸朝東南），身、拳、步轉過來右腳踏實左腳虛，周身沉氣蓄勁。（圖 213、圖 214）

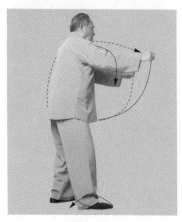

圖 213

圖 214

4. 側身進步右沖炮

上動不停。丹田先吸氣，再兩拳領氣領身領左腳，側身斜向前上方（東）進步進身右沖炮，當左腳一落步，丹田即呼氣、右腳跟步貼地震踏、勁起足根發出崩彈勁。（圖215）

圖 215

【練法要點】

左右沖炮屬左顧右盼、移形換位的側身進步運動，由左沖炮和右沖炮兩勢組成，每一勢沖炮均由兩圈一炮組成。其運動特徵是反身退閃、側身進步、屈伸沖炮。

左沖炮指左顧閃身左撤步、左側身進步前沖炮，故稱

左沖炮。左顧閃身即向左轉身換位，左腳由前步變後步，右腳由後步變前步。

右沖炮指右盼閃身右震腳、右側身進步前沖炮，故稱右沖炮。右盼閃身即向右轉身換位，右腳由前步變後步，左腳由後步變前步。

反身退閃時，一翻而閃，一閃而退，一退全退，退顧身前。側身沖炮時，前步進，後步跟，一進全進，一到全到。要掌握好進退反側的轉換節奏和彈性節律。

右盼閃身右震腳還有一種練法，即兩拳掄臂向右翻轉時領身領右腳向後（西）撤步右轉身 90°，重心後移，右腳虛收步，形成與左顧閃身左撤步相反相成的顧盼閃展兩儀勢。

【行氣要點】

每一個沖炮均由抓閉運氣圈、閃身運氣圈和丹田運氣圈組成。

抓閉運氣圈即氣運任督後升前降轉周天的同時抓閉聚氣，積蓄旋轉動能為反身閃展做準備。

閃身運氣圈即全身閉氣，氣如車輪運轉任督周天的同時，意注祖竅催身後退，氣轉帶脈顧盼閃身。

側身進步前，丹田先吸氣，一氣收縮屈蓄；側身進步時，意注會陰催身進步；到位發勁時，丹田呼氣，一氣縱放伸發。

【用法要點】

左右沖炮屬閃進打顧、引誘回沖法。

從陰陽五行八法來說，寓陰陽折疊轉換、五行進退顧盼定和八法中的掤捋擠採靠。從化引拿發來說，抓閉轉圈

用法圖 13

用法圖 14

為化為引，即纏絲掤捋化引；閃身轉圈為拿，即左顧（右盼）退步纏絲拿採；側身沖炮為發，即引進落空後進步擠靠打。可參見用法圖 13、用法圖 14。

第三十七式　左右蓋炮

1. 退步收步雙順開

接上式。兩拳鬆手，向兩側下方鬆氣鬆游鬆開一下，同時領腰右轉，重心後移，右腳踏實左腳虛；再向前鬆氣鬆游鬆合一下，同時領腰左轉，重心前移，左腳由虛變實，右腳向左腳方向騰挪虛收步蓄住勢（落步不落步均可）；當左腳一踏實即沉氣蹬地，兩手邊抓閉虛握拳邊由下向上、由內而外斜向兩側順纏外翻彈性雙開勁，即左拳向左前開（東）、右拳向右後開（西），借左腳蹬地的大地反作用力和兩拳臂彈開勁，領身領右腳似彈簧一般向後

（西）閃身退步胸腹相開右轉
腰（胸朝南），左腳向右腳方
向騰挪虛收步，周身開勁如開
弓。（圖216）

圖216

2. 上步進步右蓋炮

　　然後，右拳領氣領身領兩
腳，似彈簧折疊向前（東）上
步進步右蓋炮：即右拳沿上弧
線由後向前逆纏扣腕蓋炮，同
時左腳先向前上步，進身踏
實，右腳連著向前進步，虛落於左腳前胸腹相合左轉腰
（胸朝東偏北），左拳由前往回逆纏屈臂護於右胸肋，當
身、步、拳一到位，周身合勁似放箭，氣聚一點發出寸彈
勁。（圖217、圖217附圖）

圖217

圖217附圖

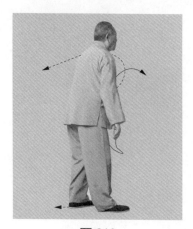

圖 218

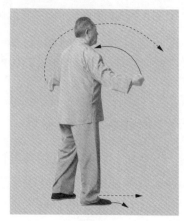

圖 219

3. 換步退步雙順開

接著，兩拳再鬆手，向兩側下方鬆氣鬆游鬆開一下，再向前鬆氣鬆游鬆合一下，同時領腰右轉，重心前移，右腳虛變實，左腳虛騰然；當右腳一踏實即沉氣蹬地，兩手再邊抓氣虛握拳邊由下向上、由內而外斜向兩側順纏外翻彈性雙開勁，即右拳向右前開（東），左拳向左後開（西），再借右腳蹬地的反作用力和兩拳臂彈開勁，領身領左腳似彈簧一般向後（西）閃身退步胸腹相開左轉腰（胸朝北），右腳向左腳方向騰挪虛收步，周身開勁如開弓。（圖 218、圖 219）

4. 上步進步左蓋炮

然後，左拳領氣領身領兩腳，似彈簧折疊向前（東）上步進步左蓋炮：即左拳沿上弧線由後向前逆纏扣腕蓋

圖 220

圖 220 附圖

炮，同時右腳先向前上步，進身踏實，左腳連著向前進步，虛落於右腳前胸腹相合右轉腰（胸朝東偏南），右拳由前往回逆纏屈臂護於左胸肋，當身、步、拳一到位，周身合勁似放箭，氣聚一點發出寸彈勁。（圖 220、圖 220 附圖）

【練法要點】

左右蓋炮是散手炮拳法，分左右兩勢交替練習。其運動特徵是前後閃展騰挪的以退為進運動，寓欲前先後、欲後先前、欲開先合、欲合先開的陰陽折疊轉換。

退是由前往後側身退步，退而顧身前，退而至中正。退時，周身由中開勁，開而至中正，中和對稱，不偏不倚。

進是由後往前全體前進，頭進、身進、拳進、步進，上左進右，上右進左，進而至中正。進時，周身向中合勁，合而至中正，中定沉穩，不貪不歉。

掌握好鬆游開合和進退開合這兩種開合的陰陽折疊轉換節奏，以及鬆緊弛張的彈性節律。

另外，還有一種只收步不退步的練習法，即後腳不退步，只是重心後移收前步，再上前步進後步。

【行氣要點】

鬆氣鬆游鬆開合是一氣鬆游鼓蕩周身法，也稱游手搖身晃丹田，為側身退閃開勁積蓄彈性勢能。

抓閉順翻雙開勁是抓閉運氣法，氣開八脈開丹田，周身閉氣蓄勁，充滿彈性勢能；同時意注祖竅，神意內斂，催身彈性後退。

進步蓋炮合勁是氣合八脈合丹田，周身閉氣蓋勁，力發一點。

【用法要點】

左右蓋炮屬閃進蓋打法。閃者驚也，一閃即進；蓋者是由上向下覆蓋，即以意氣之勁覆蓋對方面門勾擊之。體現了閃展騰挪板山力、引進落空箭出弓的技擊理法。

左右蓋炮主要用於散手，也可用於推手。抓閉順翻雙開勁是用開勁開引對方，即引進落空；進步蓋炮合勁是用合勁合發對方，即合即出。運用時要掌握三個要點：一是順勢開引，二是趁勢閃驚，三是乘勢蓋炮。

如對方以右直拳打我，我視來拳的速度和距離，順勢以雙開勁的左拳臂斜向左前方順纏外翻開引對方右拳臂使其落空，趁以橫破直的以開引空對方之勢，即閃身進右步腳踩中門逼迫對方，再乘勢以右拳蓋擊對方面門。

如對方以兩手推我，我即順勢以兩拳臂順纏外翻的纏黏雙開勁結合右閃身退步（若右腳在後不退步），邊纏黏化開對方兩手邊牽梢斷根引進落空，再趁閃驚引落空之勢，進步進身腳踩中門，乘對方向後找平衡之勢，以右拳

用法圖 15

用法圖 16

蓋擊對方面門。可參見用法 15、用法圖 16。

第三十八式　進步腹肩靠

1. 雙順捲臂雙開勁

接上式。兩拳鬆手，先向兩側下方鬆氣鬆游鬆開一下右轉腰；再向前鬆氣鬆游鬆合一下左轉腰，重心前移，左腳踏實右腳虛；隨即兩手抓氣虛握拳，由下向上、由內而外斜向兩側順纏捲臂外翻雙開勁，即左拳向左前開（東），右拳向右後開（西），借兩拳臂彈開勁領重心後移，胸腹相開右轉腰（胸朝南），右腳踏實左腳虛，周身開勁如張弓蓄勢。（圖 221）

2. 進步倒插腹肩靠

然後，右拳領氣領身領兩腳，似彈簧折疊向前（東）

圖 221　　　　　　　　圖 222

進步跟步俯身倒插腹肩靠：即右拳領氣，沿後上前下縱立圈路線向前下方逆纏捲臂倒插，同時右腳向前進步、進身並俯身倒轉（胸朝東北），左腳跟步，左拳變手，逆纏屈臂合至右胸右肩前，周身合勁、氣沉足底發出右肩彈靠勁。（圖 222）

3. 胸腹相開再開勁

緊接著，右拳先暗暗鬆手，再兩手抓閉虛握拳領氣左下右上順纏對稱彈性雙開勁，即左拳向左下開，右拳向右上開，同時領身漸升起，胸腹相開右轉腰（胸朝東），重心後移左腳實，右腳騰挪虛收步，身肢彈性放長似開弓蓄勁。

4. 進步再打腹肩靠

然後，右拳領氣領身領右腳，再向前下方（東）進步俯身倒轉逆纏捲臂倒插腹肩靠（胸朝東北），同時左腳跟步貼

圖 223　　　　　　　　　　圖 223 附圖

地震踏，左拳變手逆纏屈臂再合到右胸右肩前，周身合勁、勁起足根再發右肩彈靠勁。（圖 223、圖 223 附圖）

【練法要點】

進步腹肩靠與前式左右蓋炮既相同又不同。如同樣是前後閃展騰挪的以退為進運動；同樣是欲前先後、欲合先開的陰陽折疊轉換；同樣退時周身開勁、退顧身前，進時周身合勁、一進全進。不同的是，前式進步是前虛步，本式進步為弓馬步；前式是豎身向前運動，本式為俯身向前運動；前式是向前蓋炮上打，本式為向前肩靠下打；前式是左右兩勢蓋炮，本式為連著兩次腹肩靠；前式是左右進步，本式為進步跟步。

腹肩靠之意是俯身以右肩貼靠彼腹，故也稱俯身肩靠。亦稱進步倒插，倒者逆反，插者插入，即逆纏捲臂向前下插，右腳進步向前插逼，俯身進入向左倒轉，從而使右肩膀側身對著正前方貼靠彼腹。

練習時注意俯身不前傾，中正不偏倚，肩、膝、腳三節對準，身、手、步三體合一，周身相合，完整一氣。

【行氣要點】

鬆氣鬆游鬆開合同樣是一氣鬆游鼓蕩周身法，為側身退閃開勁積蓄氣能彈能。

抓閉順纏開勁退閃同樣是抓閉運氣，氣開八脈開丹田，閉氣開弓蓄彈勁；退閃時意注祖竅，退顧身前。

進步俯身腹肩靠同樣是氣合八脈合丹田，並氣運任督後升前降轉周天、氣沿帶脈左轉圈，周身合勁發放、勁起足根肩靠。

【用法要點】

進步腹肩靠屬一陰反一陽的纏絲肩靠法，即「膀打一陰反一陽」，又稱「肩打一陰反一陽」或「陰陽膀」。順纏捲臂外翻肩向後（裏）扣為陰，也叫陽中寓陰、開中合勁；逆纏捲臂倒插肩向前靠為陽，也叫陰中用陽、合中發勁。肩向後扣是為了前靠而蓄勢伏勁，故稱一陰反一陽。俯身用肩靠彼腹，即所謂「俯身一靠破銅牆」。

靠法之義是整體之勁由所靠部位貼靠對方並對著其重心和落空點靠擊。運用時，先順勢用順纏捲臂開勁開引對方，使對方落空、失勢、斷根和門戶洞開，再乘勢用右拳向前下插逆纏捲臂合勁靠擊對方，即

用法圖 17

用法圖 18

用法圖 19

俯身進步用肩膀貼靠彼腹並插逼彼重心，將其靠出。可參見用法圖 17～用法圖 19。

第三十九式　掩 手 肱 捶

1. 轉圈獨立右翻身

接上式。意、氣、體先鬆一下，然後兩手邊抓閉虛握拳邊領氣，沿順時針橫立圈路線先開後合轉一圈：即右拳沿左上右下路線轉圈合到左腹前，左拳沿右下左上路線轉圈合到右胸前，同時領身漸升起，右腳虛收步，似彈簧捲合蓄勁；再由合變開，翻轉獨立右翻身：即右拳背領氣，經左臂內側左上右下翻轉至右胯外側向下砸，左拳心領氣，經右臂外側右下左上翻轉至頭部左側向右擺，同時領身以左腿為軸內旋扣腳右轉體 90°（胸朝東南），右腿屈膝上提成左獨立步翻花勢，似彈簧開捲開勁。（圖 224、

圖 224

圖 225

圖 225）

2. 順逆捲臂鬆震腳

接著，兩拳領氣領身領兩臂，在身體兩側先逆纏內捲彈性蓄合胸腹相合，再兩拳鬆手，復抓閉虛握拳順纏外捲彈性鬆放胸腹相開；然後由外向內下逆纏相合至臍腹前沉氣合勁，右拳在下，左拳變手掩合在右拳上，同時領右腿向下鬆氣鬆落鬆震腳，左腳向左（斜朝東北）鬆氣鬆虛鬆開步。（圖 226、圖 227）

3. 磨盤開合左掩手

右拳鬆手，與左手一起先向兩側鬆氣鬆開鬆蓄引，同時兩腿右順左逆右轉腰；然後抓閉虛握拳領氣領身，以肘為軸磨盤開合轉圈轉腰：先磨盤屈臂左合左轉腰，右拳臂在上、左拳臂在下，拳心皆朝下，同時兩腿左順右逆，重

圖 226

圖 227

心左移；再磨盤順纏相開先右後左轉腰，即右拳向後沿平圈右弧線向前（東南）轉開，拳心順纏轉朝上，左拳向前沿平圈左弧線屈臂向後（西北）轉開變陰八字手，手心順纏轉朝上，同時兩腿順逆互纏，重心從右回到左；接著，右拳沿平圈左弧線經左手下方往回屈臂收至臍腹前，拳心不變仍朝上，同時左八字手變逆纏，沿平圈右弧線向前掩蓋在右拳上方，掌心轉朝下成陽八字手，兩腿隨之右順左逆、重心隨之右移。（圖 228～圖 230）

4. 雙逆雙順掩手捶

上動不停。左手右拳領氣

圖 228

圖 229

圖 230

領身，左前右後雙逆雙分右轉腰，即左八字手逆纏向前（東南）伸引，右拳逆纏向後（西北）伸引，同時領兩腿右順左逆，重心右移；再雙順雙屈合氣蓄勁，即左八字手順纏往回屈收掩護體前變陰八字手，右拳順纏屈臂收合在右腹腰側，周身一起合氣蓄住勁；最後，右拳領氣領身逆纏，向前（東南）螺旋沖拳左轉腰（胸朝東偏南），拳心轉朝下，同時左八字手逆纏，向後屈臂掛肘收至左腹腰側，手心轉朝身，兩腿左順右逆，重心左移成左弓馬步，勁起足根，鬆腰旋抖，氣通肱骨達拳面發出崩彈勁。（圖 231～圖 233）

圖 231

圖 232　　　　　　　　　　　圖 233

【練法要點】

本式是海底翻花與掩手肱捶兩式合併式。

動作 1 即為海底翻花勢，在本套路中是銜接轉換勢，由兩圈組成。其義是承前式進步腹肩靠的低身法轉換獨立上翻的高身法，似海底翻花狀。低則仰其身而有攢促之形；高則揚其身而有增長之意。翻轉時，一方面兩拳轉圈向右翻，與獨立長身向右翻須同時運動、同步完成；另一方面須繞丹田中心垂直軸和水平軸翻轉，即身是平轉圈、拳是橫立圈，在產生旋轉離心力的同時保持中正穩定的向心力。做到頂勁向上領好、左腿向下沉好、右腿屈膝提好、兩拳左右對稱、身體前後均衡，上下左右前後六個方位合一守中渾圓。

動作 2 獨立順逆捲臂時，同樣要六合守中渾圓，即逆纏內捲時向中渾圓捲合，順纏外捲時由中渾圓捲開，中正穩定，不偏不倚，胸腹腰背開合折疊，兩肘不離中定之

位。

　　本式掩手肱捶有三次掩手，一是鬆震腳的兩拳逆纏相合的左手掩合右拳；一是磨盤開合圈後的兩拳順逆相合的左手掩蓋右拳；一是兩拳雙順屈收合勁的左手在前掩護右拳。練法要點參見第十八式「掩手肱捶」。

　　【行氣要點】

　　動作 1 海底翻花的第一個圈是由開變合的向心力抓閉運氣圈，即轉圈轉氣運沖脈，抓閉合勁合丹田；第二個圈是由合變開的離心力翻轉運氣圈，即轉圈轉氣運沖帶，翻轉開勁開丹田。

　　動作 2 的順逆捲臂是一氣順逆捲放開合運氣法，即逆纏捲合時，氣出命門循任督後上前下合丹田，周身聚氣合勁，積蓄彈性勢能；順纏捲開時，氣出丹田循任督前上後下合命門，周身開氣發勁，釋放彈性勢能。

　　動作 3 磨盤開合圈是氣運帶脈轉丹田，磨盤轉氣運周身。

　　動作 4 的雙逆雙分展和雙順雙屈收是一氣順逆屈伸開合運氣法，即雙逆分時氣出丹田由中逆纏行四梢，雙順合時氣由四梢順纏回流合丹田，一氣屈伸，開合鼓蕩，為螺旋沖拳積蓄氣能彈勁；螺旋沖拳是一氣通三節螺旋穿伸運氣法，即氣出丹田，勁起足根，梢領中隨根節催，出於肱骨達於拳。

　　【用法要點】

　　動作 1 的海底翻花是纏拿摔跌法，即先由第一個橫立圈由開變合的纏引拿合的橫勁作用，使對方落空失勢斷根，再順勢由合變開，向右下方翻轉摔跌對方，同時右膝

可配合向上屈提掤頂。

　　動作 2 的順逆捲臂既是鬆活彈抖的解脫拿法，也是順逆兩用的化引拿發，其中逆纏內捲是不拿而拿合中發，順纏外捲是拿梢斷根開中發，並寓右膝掤頂法。暗藏解脫拿法的掩手捶。

　　動作 3 的磨盤開合圈是水平旋轉離心力與纏引拿發相結合的用法；也寓解脫拿法的掩手捶暗手。

　　動作 4 雙逆雙分為纏絲引落空，雙順雙合為纏拿斷彼根；螺旋沖拳為化發合一的擠打，即邊逆纏螺旋化勁邊向前穿伸發勁。

第四十式　轉身奪二肱

1. 轉身搗捶鬆震腳

　　接上式。右拳先向右下方鬆氣蓄引一下右轉腰，同時領兩腿右順左逆，重心右移；再領氣領身，沿平圈路線折疊向左轉圈擺拳左轉腰（胸朝東），同時領兩腿左順右逆，重心左移；當右拳屈臂轉回來收合至右腹腰側時，即換左手抓閉虛握拳領氣領身，沿平圈路線向右回身倒轉135°（胸轉朝西南）轉圈擺拳，同時重心換到右腳踏實，左腳向右腳旁騰挪虛收步；隨即左腳向後（東）撤步，退身收右步，同時兩拳領氣向前後緩緩開勁，即右拳輪領氣逆纏向前開勁（西），左拳屈臂向後開勁至左腹腰側；再向上下蓄引開勁提右腿，即左拳變手向下開勁，右拳對稱向上開勁，同時領右腿屈膝上提虛蓄勢；然後，右拳、左手領氣，由開變合相擊於臍腹前，即右拳搗擊左手心，同

圖 234

圖 235

時領右腿鬆氣鬆落鬆震腳，與兩拳、手相擊同步發出震響聲。（圖 234～圖 238）

2. 進步跟步一奪肱

搗捶震腳後，左手即逆纏領氣向前（西）彈性伸引，同時右拳屈臂收氣蓄合至右腹腰側右轉腰（胸朝西）；然後，右拳輪領氣領身領右腳，向前（西）進步進身逆纏沖打陰腹

圖 236

捶，當右腳一落步，左腳即跟步貼地震踏，同時鬆腰左轉旋抖（胸朝西南）、氣出丹田、勁起足根，由肱骨至拳輪發出崩彈勁，左手變八字手屈肘領氣往後回奪（東）發出掛肘勁。（圖 239、圖 240）

圖 237

圖 238

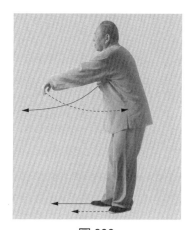

圖 239

圖 240

3. 進步跟步二奪肱

接著，右拳先暗暗向前鬆引一下，再由前往後順纏屈臂收氣回奪蓄合至右腹腰側右轉腰（胸朝西），同時左手

圖 241　　　　　　　　　　圖 242

逆纏領氣向前（西）彈性伸引，左腳沉氣踏實右腳虛；然後，右拳輪再領氣領身領右腳，向前（西）進步進身逆纏沖打陰腹捶，當右腳一落步，左腳再跟步貼地震踏，同時鬆腰左轉旋抖（胸朝西南）、氣出丹田、勁起足根，由肱骨至拳輪發出崩彈勁，左手變八字手再屈肘領氣往後回奪（東）發出掛肘勁。（圖 241、圖 242）

4. 旭腿後踢三奪肱

右拳同樣先暗暗向前鬆引一下，再由前往後順纏屈臂收氣回奪蓄合至右腹腰側右轉腰（胸朝西），同時左手逆纏領氣向前（西）彈性伸引，重心不變在右腿；然後，右腳沉氣踏實中定好，右拳輪再領氣向前（西）逆纏側身沖打陰腹捶，同時左腳後跟領氣反朝後（東）旭腿勾踢、左手領氣反向後拍擊左腳背外側，成手腳並用前後雙擊獨立勢。（圖 243、圖 244）

圖243　　　　　　　　圖244

5. 上左進右四奪肱

上動不停。先左腳向前（西）上步進身，同時右拳由前往後順纏屈臂收氣回奪蓄合至右腹腰側右轉腰（胸朝西），左手領氣由後向前（西）彈性伸引；右腳接著向前（西）進步進身，當右腳一落步，右拳輪再領氣向前（西）逆纏沖打陰腹捶，同時鬆腰左轉旋抖（胸朝西南）、氣出丹田、勁起足根，由肱骨至拳輪發出崩彈勁，左手變八字手再屈肘領氣往後回奪（東）發出掛肘勁。（圖245、圖246）

【練法要點】

轉身奪二肱是陳式太極拳傳統炮捶「奪二肱（一）（二）」兩式的合併式，由左右折疊轉身圈、搗捶震腳開合圈和兩個奪二肱的順逆纏絲屈伸圈組成。其運動特徵是以水平混元圈為主的繞丹田中心垂直軸的左右折疊轉圈、

<table>
</table>

圖 245　　　　　　　　　圖 246

左右屈伸收放、左右蓄發回沖和連著向前進步進身沖打陰
腹捶運動。

　　左右折疊轉身圈既是銜接轉換勢，又是左顧右盼法、
回身倒轉法。練習時須顧盼自如、圓活折轉、一轉即回
身。右拳左擺時，右腳亦可向左腳方向騰挪虛收步。

　　搗捶震腳開合圈須掌握好撤步退身開拳、提腿分手開
勁、搗捶震腳合勁的同步性以及三者之間虛實騰挪、鬆緊
蓄發的節奏性。

　　奪二肱的「奪」，是爭奪、沖出的意思，一指屈臂收
氣奪回，二指伸臂崩彈沖出；「二」指右拳臂二次屈伸爭
奪沖出和兩臂屈伸互變的爭奪沖出；「肱」指肱骨（胳
膊）。其拳義是兩次屈伸收放回沖的勁由肱出，其拳法屬
逆纏沖打陰腹捶。

　　本合併式共有四次奪肱四次沖打陰腹捶。練習時須掌
握屈伸互變、順逆互變、虛實互變、蓄發互變、回沖互變

和逆纏沖打陰腹捶的勁由肱出至拳輪的運動特點。

　　動作4的炝腿後踢是右腳不收步、不進步的定步炝腿後踢，練熟以後也可練收右步、進右步的活步炝腿後踢。

　　動作5的上左進右指先上左步再連著進右步，也可右腳先跟步收於左腳旁虛蓄勢，再右腳向前進步。

　　還有一種活步練法，即左伸右屈時虛收右步，再右腳進步左腳跟步左屈右伸沖打。

【行氣要點】

　　左右折疊轉身圈是氣運帶脈轉丹田，先左轉帶脈以積蓄旋轉動能，再折疊右轉帶脈以氣催身向右回身倒轉。

　　搗捶震腳開合圈既是神氣鼓蕩驚戰法，又是聚氣合勁法，足底炸雷、催迫身進、聚合裂變、崩彈鬆放，為奪二肱做準備。

　　奪二肱屬順逆纏絲屈伸收放運氣法。左伸右屈右轉腰時，氣運帶脈右轉圈，使左臂伸引、右臂屈蓄，周身合勁合丹田；右伸左屈沖打時，氣運帶脈左轉圈，使左臂屈收，右臂伸放，周身開勁開丹田，並由足到腰通達肱骨、尺骨、拳輪發出整體崩彈勁。進步橫打前，亦可丹田先吸氣；落步發勁時，丹田再呼氣。

　　總之，行氣運身運勁時，既要掌握一氣屈伸收放的節奏變化，使意、氣、體緊密結合，一屈一伸、一收一放、一鬆一緊、一吸一呼、一蓄一發、一回一沖富有彈性節律；又要內外合一，上下同步，即右臂屈收與右轉腰脊、右轉帶脈、右腳虛步、左手伸引同步，崩彈發勁與左轉腰脊、左轉帶脈、左臂屈收、勁起足根同步。

【用法要點】

轉身奪二肱屬膊打、拳打的逆纏沖打法、進步連環打法。膊打指勁出肱，拳打指陰腹捶，並寓前後雙打即前打後掛和炮腿後踢。

左右折疊轉身用法有二，一是轉身解脫拿法，二是轉身摔法。搗捶震腳既是解脫法，也是擊打法。

奪二肱的左伸右屈是纏引化拿法，即在纏黏化引、拿梢斷根的同時給對方一偏轉力矩，使對方失重落空，隨即右腳進入對方襠內，屈伸互變、沖打發勁，由肱骨或尺骨與對方的接觸點將對方發放出去。

第四十一式　穿梭轉身炮

1. 左右沖拳連環炮

接上式。右拳領氣領身，先向前鬆伸放長一下，再暗暗抓閉虛握拳，由前往回順纏屈臂收氣合至右腹腰側右轉腰（胸朝西），同時左手抓閉虛握拳領氣，中正對稱地平向前（西）鬆伸放長沖炮；緊接著，左拳領氣領身，先暗暗向前鬆伸放長一下，再抓閉虛握拳，由前往回屈臂收氣合到左腹腰側左轉腰（胸朝西南），同時右立拳領氣，中正對稱地平向前（西）鬆伸放長沖炮。（圖247、圖248）

2. 飛身穿梭左沖拳

連環沖炮後，先右腳向前（西）躍步並蹬地，緊隨著左腳飛步向前（西）縱躍，同時左拳領氣領身向前（西）沖炮，借大地反作用力和兩腳前縱、左拳前沖的慣性領身

圖 247　　　　　　　　　圖 248

騰起向前穿梭，此時兩腳離地、右拳回收，形成兩步縱躍飛身穿梭左沖拳勢。

3. 轉身回頭當門炮

　　落步時，左腳先落地，右腳隨前縱慣性經左腿後側向前（西）倒插落步，當右腳一落步，兩拳即領氣領身，沿順時針縱立圈路線自身後（西）左側向上向體前（東）掄臂翻轉回身倒轉 180°（胸朝東南），即反身回頭後變前，兩拳轉過來在體前下方蓄勢合勁，身體轉過來左腳變前步為虛，右腳變後步為實；隨即，丹田先吸氣，再兩拳領氣領身領左腳向前上方（東）上步進身沖炮，當左腳一落步，丹田即呼氣、勁起足根發出崩彈勁。（圖 249～圖 251）

　　【練法要點】

　　穿梭轉身炮一式由左右連環炮、飛身穿梭炮和轉身當門炮三式組成，即將陳式太極拳傳統二路「連環炮」「玉

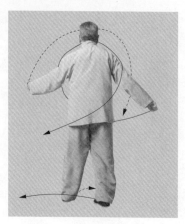

圖249

圖250

圖251

女穿梭」和「回頭當門炮」三式合併為一式。

　　左右連環炮是繞丹田中心垂直軸的左右前後屈伸平轉
運動，屬屈伸連環法，即兩拳連環沖炮、兩臂屈伸拉扯、
兩腰左右抽換。練習時，一要中正平準，左右均衡，前後

對稱，陰陽匹配；二要沉肩墜肘，三節對準，上下相隨，
周身一家；三要鬆伸放長，富有彈性，欲後先前，折疊轉
換。左伸右屈時亦可右腳虛收步，成右前虛步的連環炮，
並為飛身穿梭炮的右腳先向前躍步做鋪墊。

飛身穿梭炮是繞丹田中心垂直軸的前縱平轉運動，屬
縱身法，要求平、縱、遠，即縱放其勢，一往無前。飛身
穿梭時先右腳向前躍步，左腳接著向前飛步縱躍，成兩步
縱躍飛身穿梭之勢。年長者可不飛身縱躍，即右腳不動，
左腳先向前躍步，再右腳向前倒插落步接轉身。

轉身回頭當門炮包含掄臂轉身回頭和上步進身沖炮兩
勢。前者是拳臂縱立圈和轉身水平圈的混合旋轉運動，屬
反身法，即反身顧後後即前，並與飛身穿梭炮連貫一氣，
前後呼應，要求折疊反身回轉靈活。後者是屈伸縱放運
動，屬進身法，即發步進入須進身，身手齊到始為真，要
求一進全進，勇往直前。也可左腳不進步，由虛變實成定
步的左弓步當頭炮。

【行氣要點】

左右連環炮是氣行帶脈左右轉圈的屈伸運氣法，即右
拳屈臂收氣、左拳伸臂通氣的同時，氣行帶脈右轉一圈轉
丹田；反之，左拳屈臂收氣、右拳伸臂通氣的同時，氣行
帶脈左轉一圈轉丹田。一氣屈伸，圓轉如神；鬆伸放長，
積蓄彈能。

飛身穿梭時，一方面意注會陰，以氣催身前縱；另一
方面右拳收氣，左拳放氣，氣行帶脈右轉圈。

掄臂轉身回頭時，氣沿任、督兩脈後上前下周天循環
的同時，氣行帶脈右轉一圈回丹田。

上步進身沖炮屬一氣屈伸蓄發，即先丹田吸氣蓄勁，再丹田呼氣發勁，同時以氣催身進步，勁起足根，內外合一地釋放彈性勢能。

【用法要點】

穿梭轉身炮主要用於群戰眾圍之時。其中，左右連環炮屬連環擠打；穿梭左沖炮屬前縱沖打；回頭當門炮屬反身回打。

所謂回頭當門炮，指一回頭恰好與對方面對面，隨即順勢合宜地對著對方面門或中門（胸腹間）上步進身沖炮。

連環炮和當門炮亦可用於推手中。連環炮符合太極陰陽哲學的陰陽折疊轉換之理和混元運動力學的力偶偏轉原理，即一手先伸後屈為先陽後陰、由實變虛、順勢化引，另一手由屈變伸為由陰轉陽、由虛變實、乘勢進擊，在使對方偏轉失重的同時，將對方發放出去。

當門炮符合太極陰陽哲學的「引進落空合即出」之理和混元運動力學的平衡慣性原理，即先順對方來勢屈虛化引彼勁和吸氣蓄合己勁，使來力由於沒有受力面和作用點而慣性向前落空失衡，隨即順對方反向找平衡的慣性之勢，上步進身沖炮，丹田呼氣發勁，將對方鬆放出去。發放時，步要過人，身要攻人，周身合勁，似巨炮轟擊。

第四十二式　抄水劈砸炮

1. 換步抄水雙開勁

接上式。兩拳先向右下方鬆氣蓄引右轉腰，同時領兩腿右順左逆，重心後移；然後左拳領氣沿右後上、左前下

圖 252　　　　　　　　　　圖 253

混立圈路線先逆後順纏絲旋轉一圈回到右下方，同時領腰
先左後右轉，兩腿順逆互變；左拳換拳背領氣，同樣沿右
後上、左前下混立圈路線順纏翻轉一圈向下按開至左腹襠
前，拳背朝下，並領左腳往回收步至右腳旁由虛變實左轉
腰，右腳隨之由實變虛，同時右拳背領氣，由下向上對稱
抄起屈臂掤開至右肩前上方，拳背朝上，胸腹相開開丹田
（胸朝東），周身開勁蓄彈能。（圖 252、圖 253）

2. 進步跟步右劈砸

接著，右拳背領氣領身領右腳，沿縱立圈前下弧線向
前（東）進步進身順纏翻轉劈砸，當右腳一落步，左腳即
跟步至右腳旁，同時左拳領氣向上逆纏屈臂彈合至右胸
前，胸腹相合合丹田（胸朝東北），周身合勁發出劈彈
勁。（圖 254）

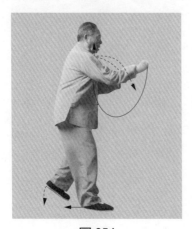

圖 254

圖 255

3. 轉圈抄水再開勁

劈砸後，意、氣、體暗暗鬆一下，隨即左拳背領氣，沿縱立圈前下弧線由上向下順纏翻轉半圈按開至左腹襠前，同時右拳背領氣，沿縱立圈後上弧線由下向上逆纏對稱抄起屈臂掤開至右肩前上方，胸腹再相開（胸朝東），周身再開勁。（圖 255）

4. 進步跟步再劈砸

接著，右拳背再領氣領身領右腳，沿縱立圈前下弧線向前（東）進步進身順纏翻轉劈砸，當右腳一落步，左腳再跟步至右腳旁，同時左拳領氣，再向上逆纏屈臂彈合至右胸前，胸腹相合（胸朝東北），周身合勁再發出劈彈勁。（圖 256、圖 256 附圖）

圖 256

圖 256 附圖

5. 轉圈抄水三開勁

　　重複動作 3，即左拳背領氣，沿縱立圈前下弧線由上向下順纏翻轉半圈按開至左腹襠前，右拳背領氣，沿縱立圈後上弧線由下向上逆纏對稱抄起屈臂掤開至右肩前上方，胸腹再相開（胸朝東），周身再開勁。

6. 右腳上步三劈砸

　　重複動作 4，左腳不跟步，即右拳背領氣領身領右腳，沿縱立圈前下弧線向前上步（東）順纏翻轉劈砸時左腳不跟步，同時左拳領氣，再向上逆纏屈臂彈合至右胸前，胸腹相合（胸朝東北），周身合勁再發出劈彈勁。

7. 換步換手左劈砸

　　上動不停。右拳借劈砸反彈力先向上彈起，同時左拳下鬆；然後右拳向左下方逆纏畫弧蓄引左轉腰，再換拳背

領氣，沿左後上右前下混立圈路線順纏翻轉一圈向下按開至右腹褙前，並領右腳往回收步至左腳旁由虛變實右轉腰，左腳隨之由實變虛，同時左拳背領氣，由下向上對稱抄起屈臂掤開至左肩前上方，拳背朝上，胸腹相開開丹田（胸朝東），周身開勁蓄彈能；接著，左拳背領氣領身領左腳，沿縱立圈前下弧線向前上步（東）順纏翻轉劈砸，同時右拳領氣向上逆纏屈臂彈合至左胸前，胸腹相合合丹田（胸朝東南），周身合勁發出劈彈勁。參見圖 254、圖 255。

8. 換步換手右劈砸

上動不停。左拳借劈砸反彈力先向上彈起，同時右拳下鬆；然後左拳向右下方逆纏畫弧蓄引右轉腰，再換拳背領氣，沿右後上左前下混立圈路線順纏翻轉一圈向下按開至左腹褙前，並領左腳往回收步至右腳旁由虛變實左轉腰，右腳隨之由實變虛，同時右拳背領氣，由下向上對稱抄起屈臂掤開至右肩前上方，拳背朝上，胸腹相開開丹田（胸朝東），周身開勁蓄彈能；最後，右拳背領氣領身領右腳，再沿縱立圈前下弧線向前上步（東）順纏翻轉劈砸，同時左拳領氣向上逆纏屈臂彈合至右胸前，胸腹相合（胸朝東北），周身合勁再發出劈彈勁。參見圖 252、圖 253。

【練法要點】

抄水劈砸炮是散手炮拳法，又稱紫燕抄水炮，由五次抄水劈砸炮組成。前三次是右進步右劈砸，屬連進法；後兩次是左右換練勢，屬閃展騰挪、換步換位。所行之圈以縱立圓混元圈為主。

練習時，一要掌握體象形意，即抄水為柔，似燕子抄

水而有輕靈之意；劈砸為剛，似彈性鞭打而有驚炸之勢。二要掌握中正對稱，即由中開勁，向中合勁，上下、前後、左右對稱均衡，中正不偏倚，中定不仰俯，中和不丟頂。三要掌握整體開合，即開是整體相開，似渾圓放大，由內向外圓開，而又前開後合、開中蓄勁；合是整體相合，似渾圓縮小，由外向內圓合，而又前合後開，合中放勁，內外合一，周身一家，開中寓合，合中寓開。四要掌握同步協調，即抄水與開勁、開胸腹同步，劈砸與合勁、合胸腹同步，換位與換手、換步同步，而又圓轉從心，轉換自如，氣勢騰挪，開合有致，富有彈性節律。

本式亦可前後活步練，即抄水時撤步收步，劈砸時進步跟步；換步時前後互換，即前步變後步，後步變前步。

【行氣要點】

本式主要是繞丹田中心橫向軸的縱立圓運氣圈，屬抓閉運氣法，即閉氣運勁。有兩個運氣特點，一是閉氣運行任、督、蹻、維，通臂通背通周天；二是閉氣開合丹田，開勁合勁運彈勁。

閉氣抄水開勁時，一氣分行上下開陰陽，氣行任督上下開丹田，即氣由中丹田向上開至上丹田、向下開至下丹田，陰陽相開，使氣貫全身，充聚滿足，敷布內外，以積蓄氣能；又似開弓蓄勁，全身充滿彈性張力，以積蓄彈能；亦似陰陽兩極充電，聚集電荷，增強電壓，以積蓄電能，為劈砸炮做準備。

閉氣劈砸發勁時，氣行任督合丹田，一氣混元合陰陽，即精、氣、神由上丹田、下丹田合至中丹田，陰陽相合，似氣能、彈能、電能暫態釋放發出崩彈勁。氣功練有

功夫者，發勁時，亦可配合吐氣發聲。如向下劈砸屬
「哈」聲，故發勁時可聲隨拳發、拳隨聲落。發聲是氣足
的表現，氣足自丹田發出而為聲。氣不足則無以為聲，故
不可勉強發聲，以防傷氣傷身。

【用法要點】

抄水劈砸炮是纏絲混元圈的開引合發的典型運用，是
纏絲混元圈與通臂拳的典型結合，即纏開、纏引、纏拿、
纏發，體現了太極陰陽哲學的陰陽開合擎引鬆放之理和混
元運動力學的彈性反作用力原理。既可用於散手，又可用
於推手。

纏開，指接手時（兩手接兩手）兩拳臂邊纏絲轉圈邊
抄水開勁開對方，即開中寓化勁、擎起彼身斷彼根；

纏引，指利用動摩擦力的纏絲黏勁引彼到身前、引進
使落空、引中蓄己勁，即邊開邊引邊蓄勁；

纏拿，指纏絲勁的不拿而拿，即邊引邊拿斷彼勁；

纏發，指劈砸時利用纏絲彈簧勁由開變合的彈性反作
用力，由與對方的接觸部位將對方反彈出去，即彈勁鬆放
合即出。發放時，須注意進步進身，身手齊到。

第四十三式　繞步連環炮

1. 弓步連環三沖炮

接上式。右拳先向前鬆氣伸引一下，再由前往回屈臂
收氣合到右腹腰側右轉腰，同時重心前移或右弓步，左拳
逆纏領氣，由後對稱向前（東）鬆伸放長一沖炮；左拳不
停，暗暗抓閉一下，即由前往回順纏屈臂收氣合到左腹腰

圖 257

圖 258

側左轉腰，右弓步不變，同時
右拳逆纏領氣，由後對稱向前
（東）鬆伸放長二沖炮；右拳
不停，暗暗抓閉一下，再由前
往回順纏屈臂收氣合到右腹腰
側右轉腰，右弓步不變，同時
左拳逆纏領氣，由後對稱向前
（東）鬆伸放長三沖炮。（圖
257～圖 259）

圖 259

2. 橫繞步右反背炮

　　然後，兩拳鬆手領氣，分別沿橫立圈的左下弧線（左
手）和右上弧線（右手）先逆後順、由開變合轉一圈至臍
腹前相互擊掌發出擊響聲，同時領左腳經右腿後面橫向右
側方向（南）繞步交叉，成交叉步合手擊掌勢；隨即，兩

圖 260

圖 261

手由合向兩側分開,並領氣領身領右腳橫向右側方向(南)繞步橫開橫進,當右腳一落步,右手即抓閉虛握拳,以拳背領氣繞向右側前上方擺拳反打(從南轉向東、拳背轉朝北),鬆腰旋抖、勁起足根發出擺彈勁,同時左手領氣,由左側繞回來拍擊左臀胯發出擊響聲,成右弓馬步反背拳。(圖 260～圖 262)

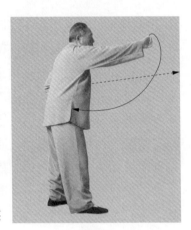

圖 262

3. 弓步連環四沖炮

接著,右拳由前往回順纏屈臂收氣合到右腹腰側右轉腰,右弓馬步不變(以下同),同時左手抓閉虛握拳逆纏

圖 263

圖 264

領氣，自左腰側對稱向前
（東）鬆伸放長一沖炮；接著
左拳由前往回順纏屈臂收氣合
到左腹腰側左轉腰，右拳逆纏
領氣，由後對稱向前（東）鬆
伸放長二沖炮；右拳由前往回
順纏屈臂收氣合到右腹腰側右
轉腰，左拳逆纏領氣，由後對
稱向前（東）鬆伸放長三沖
炮；接著左拳由前往回順纏屈
臂收氣合到左腰側左轉腰、右

圖 265

拳逆纏領氣，由後對稱向前（東）鬆伸放長四沖炮的同
時，左腳隨右沖炮之勢向右腳旁騰挪收步虛蓄勢（落地不
落地均可）。（圖 263～圖 266）

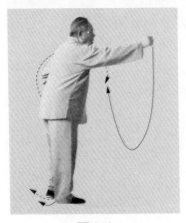

圖 266　　　　　　　　圖 266 附圖

4. 回繞步右拳沖炮

　　隨即左腳向原位左顧閃身回繞步，右腳向左腳旁騰挪虛收步，同時兩拳鬆手，右手背領氣，先沿下弧線從右向左與左手心相擊發出擊響聲，再沿上弧線向右、向下彈擊右大腿外側發出第二次擊響聲；擊打後，左手先向前（向東）伸引再抓閉虛握拳，同時右手抓閉虛握拳合於右腹腰側，周身蓄住勢；最後，丹田吸氣，右拳逆纏領氣領右腳向前（東）上步沖炮，當右腳一落步，即丹田呼氣、勁起足根發出崩彈勁，同時左肘領氣，由前往回順纏屈臂發出掛肘勁，成右弓步右沖炮勢。（圖 267～圖 270）

　　【練法要點】

　　繞步連環炮是散手炮拳法，由兩次定步連環炮和橫繞步反背炮、回繞步右沖炮組成。其運動特徵為：拳是連環沖拳，步是連環繞步，身以橫進為主，圈以平轉為主。整

圖 267

圖 268

圖 269

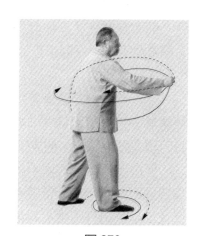

圖 270

個式子的演練要突出閃展騰挪、鬆伸放長的彈性變化。

　　定步連環炮是繞丹田中心垂直軸的左右前後屈伸平轉運動，屬屈伸縱放連環法。兩拳既可螺旋沖炮，也可立拳沖炮。動作 1 的弓步連環炮既可三次沖炮，也可五次沖

炮，為單數，最後是左沖拳。動作3的弓步連環炮既可四次沖炮，也可六次沖炮，為雙數，最後是右沖拳。練習時，一要中正對稱，二要三節對準，三要彈性放長。

橫繞步反背炮是平轉圈與橫立圈的混合運動，屬閃身右盼橫進法。練習時要有大開大合大身法、開拓橫進無阻攔之勢。右腳橫開繞步橫進身時步子可大可小，大則以身帶左腳橫移，有助身、步法閃展騰挪練習。

回繞步右沖炮亦是平轉圈與橫立圈的混合運動，屬閃身左顧前進法。練習時要掌握閃展騰挪、鬆緊蓄發的彈性節律和陰陽折疊變化，如回繞步前的虛收左步右沖拳，即有欲左先右、欲返先往之勢；上步沖炮前的丹田先吸氣蓄勁，即有欲前先後、欲發先蓄之意。右腳上步沖炮亦可練右腳進步進身、左腳跟步沖炮。

【行氣要點】

定步連環炮是氣運帶脈轉丹田、屈伸收放氣通臂的屈伸運氣法，使精、氣、神與筋、骨、肉混融凝合，鬆伸放長，積蓄彈性勢能，練成剛柔彈勁。

橫繞步反背炮的兩手轉圈相合擊掌是氣運沖脈右升左降合丹田，同時氣行帶脈左轉一圈回丹田。右腳繞步橫進反背炮是氣出丹田由夾脊催身右盼橫進的同時，氣行帶脈左轉圈、氣通右臂貫拳背。

回繞步擊掌運動是氣出丹田由膻中催身左顧折返的同時，右手領氣，沿沖脈左升右降擊掌擊腿並沿帶脈右轉一圈右轉腰。右腳上步沖炮是丹田吐納運氣法，先吸後呼，一氣鼓蕩。吸時蓄勁，斂神聚氣；呼時發勁，驚炸崩彈。練進步跟步沖炮時，還要意注會陰，以氣催身向前進步。

【用法要點】

連環炮屬連環擠打法，也叫連環沖打法，符合太極陰陽哲學的陰陽折疊轉換之理和混元運動力學的力偶偏轉原理。既可用於散手，亦可用於推手，即一手先伸後屈、由實變虛、順勢化引，另一手由屈變伸、由虛變實、乘勢進擊，在使對方偏轉失重的同時將對方發放出去。

橫繞步轉圈合手擊掌反背炮屬纏引拿發閃身橫打法，是以橫破豎的橫轉圈橫勁法。既可分開來單獨用，也可連起來配合用；既可用於散手，又可用於推手。如接手時（兩手接兩手）順勢開合橫轉圈，開為纏絲化引，合為纏絲拿發，由橫轉圈的離心力橫勁使對方落空側跌。若連起來用即閃身右盼橫繞步，順對方落空方向用右反背拳橫打對方頭部左側或左肩臂部，將對方橫著發放出去。

回繞步擊掌右沖炮屬纏絲反拿閃身進擊法。若對方右手拿住我右手時，我邊逆纏走下弧化拿邊閃身左顧回繞步轉引，左手隨之迎擊對方右手解脫彼拿；若未解脫即右手變順纏走上弧，向右下方翻轉化引或鬆勁彈抖，在解脫彼拿的同時引進落空對方，一覺引空即丹田吸氣蓄勁，順對方反向找平衡的落空點，進步沖炮擠打將對方鬆放出去。

第四十四式　平 穿 肘

轉圈轉身平穿肘

接上式。右拳先向左下方鬆氣鬆手鬆蓄引左轉腰，同時領氣回丹田守中，重心後移，左腳踏實，左拳鬆手垂臂；然後，右手邊抓閉虛握拳邊領氣領身，沿順時針平圈

路線繞丹田中心垂直軸從左向
右後圓轉如風地旋轉一大圈，
右轉體180°（胸朝西），同
時領右腳先虛離地再外旋擺腳
落於原位並踏實、領左腳貼地
前掃至南位落於右腳左側、領
左手魚貫相隨從左向右攬氣轉
一圈；身、手、步轉過來，左
腳踏實，腳尖斜朝南偏西，右
腳向右側方向（北）側身橫開
步，腳尖朝正西，左手抓閉虛

圖271

握拳與右拳一起合於胸腹前，右拳伸臂在下，左拳屈臂在
上，周身用意由肩井向湧泉沉氣蓄勁；接著，右肘領氣，
橫向右側方向（北）屈臂平穿肘右轉腰（胸朝西），左拳
領氣，橫向左側方向（南）伸臂平穿拳，同時兩腿右順左
逆，重心右移，當右肘、左拳即將開到位時，即鬆腰旋
抖、氣出丹田、勁起足根發出彈開勁。（圖271～圖273）

【練法要點】

平穿肘是繞丹田中心垂直軸的旋轉開合運動，由轉身
平轉圈和開合平穿肘組成。

平穿肘的運動過程為蓄合→開轉→蓄合→開發。因
此，演練時要掌握鬆緊、蓄發、虛實、剛柔的變化節奏，
彈性節律和陰陽轉換契機。

平穿肘的運動特徵是「平」和「中」。因此，演練時
要突出一個「平」字，即平轉圈、平穿肘；講究一個
「中」字，即由中轉、由中發。平而中正，中而平準。如

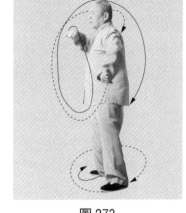

圖 272　　　　　　　　　　圖 273

平轉圈要由中而轉，圓活自如，一轉而就，在產生旋轉離心力的同時，保持向心力，達到中定平穩，不偏不倚。平穿肘要由中而發，屈伸匹配，平衡對稱，在心意支配周身六合的同時，勿忘方位六合，做到中和平準，陰陽各半。

【行氣要點】

右手用意領氣先向左下方蓄引是欲右先左、欲開先合、欲轉先蓄，為向右轉圈轉身積蓄旋轉氣能動力。

轉身平轉圈是氣運帶脈轉丹田的混元一氣平轉圈，即氣由丹田出發沿帶脈右轉一圈的同時，內外合一地以氣催身右轉體，並上下相隨地依次擴展到肩、肘、手和胯、膝、腳，形成由內而外、由小到大、由近漸遠的丹田圈、帶脈圈、腰身圈、肩胯圈、肘膝圈、手足圈的混元一氣圈。轉畢氣回丹田，周身合勁，即聚氣合丹田，周身勁一家，同時意、氣由肩井向湧泉沉氣蓄勁，為平穿肘積蓄氣能彈勁。

平穿肘開勁即氣開丹田，氣由丹田向全身開發，同時勁由足起，即氣沉足底的大地反作用力，內外合一、上下相隨地依次貫達右臂肩井、曲池和左臂肩井、曲池、勞宮以及兩腿環跳、陽陵泉、湧泉，周身一家地發出彈開勁。

【用法要點】

本式屬轉引落空平穿肘法，注意平轉、平打，即圈轉平、肘打平。接手時，既可兩手接兩手，也可右手臂接兩手。先順勢向左轉引令彼落空，再向右平轉圈轉身，我右手轉在彼左臂內側、左手轉在彼右臂外側，同時左腳轉封彼腿前，利用平圈旋轉離心力將對方轉跌至我身之右側，緊隨著順對方落空方向打出肩靠平穿肘，將彼發出。

第四十五式　風掃梅花

1. 風掃梅花右轉身

接上式。右拳再向左下方鬆氣鬆手鬆蓄引左轉腰，同時領氣回丹田守中，重心左移，左腳踏實，左拳臂鬆垂；隨即右手邊抓閉虛握拳邊領氣領身，沿順時針橫立圈路線繞丹田中心垂直軸，從左下方向上向身後右下方圓轉如風地旋掃一大圈，右轉體 180°（胸朝東偏北），同時領右腳先虛離地再外旋擺腳落於原位並踏實，領左腳貼地前掃至北偏西成斜步，領左拳魚貫相隨，從左向右攬氣轉一圈；身、拳、步一轉過來，即左腳踏實右腳虛，兩拳合至胸腹前，右拳伸臂在下、左拳屈臂在上，周身用意由肩井向湧泉沉氣蓄住勁。（圖274）

圖 274

圖 275

2. 右屈左伸斜穿肘

隨即右肘領氣斜向右後上方（南）屈臂穿肘右轉腰（胸朝東偏北），左拳領氣斜向左側下方（北偏西）伸臂沉按，同時兩腿右順左逆，重心右移，當右肘、左拳即將開到位時，即鬆腰旋抖、氣出丹田、勁起足根發出彈開勁。（圖 275）

3. 側身鞭打陰腹捶

接著，右拳先向左下方畫弧鬆氣蓄引左轉腰，同時右腳略調整，氣回丹田，周身蓄勁；再以拳背領氣，橫向右側方向（南）似折疊甩鞭一般側身鞭打陰腹捶，同時領左腳騰挪前移步（向東），當左腳一踏實（胸朝東），即鬆腰旋抖、氣出丹田、勁起足根、鬆緊突變地發出鞭彈勁。（圖 276、圖 277）

圖 276

圖 277

4. 風掃梅花再轉身

接著，右拳再向左下方鬆氣鬆手鬆蓄引左轉腰，同時領氣回丹田守中，重心左移，左腳踏實，左拳鬆手臂鬆垂；然後右手用意領氣領身繞丹田中心垂直軸，沿左上右下順時針橫立圈路線從身體左下方向身體右下方圓轉如風地旋掃一大圈，並向右轉身 90°（胸朝

圖 278

南），同時領左腿，先由實變虛，再以腳跟為軸內旋扣腳斜朝東南沉氣踏實，領右腿外旋轉腳朝正南成前虛步，領左手沿左上弧線魚貫相隨轉至胸腹前，右手轉過來坐腕按於體側。（圖 278）

【練法要點】

本式由兩次風掃梅花和斜穿肘、側身鞭打陰腹捶組成。

風掃梅花是順時針的橫立圈（手圈）與水平圈（身圈）相結合的混元圈運動。

練習時，一要欲右先左，積蓄旋轉動能並沉好氣；二要由中而轉，即繞丹田中心垂直軸轉，在產生旋轉離心力的同時保持向心力，達到中正不偏；三要圓活虛靈，即身、手、步、意、氣、圈混元一體，圓活圓滿，虛靈內含，一轉而就，符合風掃梅花之法象。

斜穿肘是以丹田為中心的上下對稱、斜直對開運動，也稱穿心肘。練習時要由中而發，斜中寓正，均衡一致，致中達和。

側身鞭打陰腹捶是典型的混元運動力學的彈性鞭打運動，似側身折疊甩鞭一樣。鞭打時，先要向欲鞭打方向的反面運動一下，以積蓄彈性鞭打勢能，再折疊鞭打，勁起足根由腰發，即上下九節勁，節節腰中發，依次從近端環節傳遞至遠端環節鞭梢，即從臂之肩、肘傳至拳，並由鬆變緊地突然制動，從而在鞭梢產生動度小、打擊力大的鞭彈勁。練習時，一要折疊甩鞭，二要鬆腰旋抖，三要勁起足根，四要鬆緊突變，五要鞭打發勁與左腳落步踏實同時運動、同步到位，六要步輕靈、捶剛發。

【行氣要點】

第一個風掃梅花圈是混元一氣由丹田向四肢全體開發流轉，氣如車輪沿沖脈左升右降的同時，沿帶脈右轉一圈，混元氣圈旋掃如風，催身右轉。轉畢氣回丹田，聚氣合勁，即合丹田，並由肩井向湧泉沉氣蓄勁，為斜穿肘做準備。

斜穿肘即開丹田，一氣分行向全身開發依次貫達右肘、左拳，同時勁起足根、中氣貫通發出彈開勁。穿畢再氣回丹田，伏氣蓄勁，為側身鞭打陰腹捶做準備。

側身鞭打陰腹捶時，鬆腰旋抖，一氣鼓蕩丹田，似開閘放水，將閘伏於丹田的混元氣能渲瀉出來；而又鬆緊突變，一氣蕩摩剛柔，似釋放彈能，將蓄聚於全身的彈性勢能鬆放出來。

第二個風掃梅花圈是氣如車輪沿沖脈左升右降的同時，沿帶脈右轉一圈右轉身，並由內而外地從丹田向全身開發，形成丹田、經脈、腰身、肩胯、肘膝、手腳混元一氣圈。

【用法要點】

風掃梅花寓摔法和掃腿法，屬古拳譜中的「滾拴搭掃」典型拳法。摔法運用時，先順勢向左引落空，再左腳進彼襠拴彼腿，隨即以右手搭接彼頸，左手纏接彼右手，向我身右後下方轉圈旋掃，利用旋轉離心力的慣性作用使對方翻滾傾跌。若與斜穿肘配合運用，則將對方旋引至我的身體右後，即順對方落空方向貼身肩靠斜穿肘將彼發出。

斜穿肘是肘法的一種，屬古拳譜中「截進遮攔穿心肘」法。若對方用右拳擊我或用右手拿我右手，我即以風掃梅花圈邊截進遮攔邊纏拿轉引至我之身右後，隨即順對方落空方向貼身肩靠穿心肘將對方發放出去。

側身鞭打陰腹捶是彈性鞭打法，屬鞭子勁，主要用於散手，擊打對方腹部。與上勢斜穿肘配合又為上下兩用法、上驚下取法，即斜穿肘是上打，陰腹捶為下打。也是遠拳中肘進身靠和遠不發肘、近不發手的用法體現。

第四十六式　金剛捶收勢

1. 抓拳合手勾拳掤

接上式。右手邊用意抓閉虛握拳邊領氣，沿縱立圈的下弧線向前上方（南）勾拳掤彈，同時左手逆纏領氣合於右臂彎上，成前虛步勾拳上掤勢。（圖 279）

2. 左右輪轉縱立圈

勾拳畢，右拳沿縱立圈下弧線往回鬆氣鬆引鬆蓄勢，同時氣回丹田，左手下鬆；然後右拳背領氣領身，沿順時針縱立圈路線後上前下彈性放長圓轉一圈；右拳轉畢，再換左手背領氣領身，同樣後上前下彈性放長圓轉一圈，同時鬆腰塌腰，氣貼脊背，立圓轉腰，兩腎抽換。（圖 280～圖 282）

圖 279

圖 280

圖 281

圖 282

3. 提腿落腳金剛捶

左手轉畢，左腿中定氣沉好，然後右拳背逆纏，領氣領右腿向上掤開屈膝上提，同時左手背領氣暗暗向下按開，成上下對開提腿獨立勢；再順纏折疊翻轉向下搗捶落於左手心內，同時領右腿鬆氣鬆落，重心不變在左腿，兩拳手合於臍下腹前，氣沉丹田，周身合勁，成金剛搗捶陰陽相合一氣勢。（圖 283、圖 284）

4. 降氣收功收三次

接著，重心回中，右拳鬆手，與左手一起先下鬆分開，再兩手心轉朝上，自體側兩旁緩緩上行，至頭部前上方再合手，手心轉朝下，自上而下經臉前、胸前徐徐降至臍腹前，同時眼神心意引氣，由外向內、由上向下從頭部徐徐下降並連同口中津液一起下嚥收歸到臍內中丹田；然

圖 283

圖 284

圖 285

圖 286

後再下鬆分手，從兩側上行、再合手向下降氣收功，如此共收三次。（圖 285～圖 288）

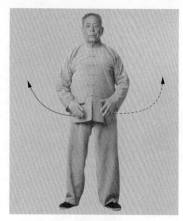

圖 287   圖 288

5. 採氣收功收三次

接上勢。兩手與眼神心意先向體側兩旁分開，再手心轉朝前，緩緩向前伸手摟抱採氣，再由外向內、由前往回邊收氣歸入臍內中丹田邊收手合至臍腹前；然後再分手向前採氣、再往回收氣合手，如此共收三次。（圖 289～圖 291）

圖 289

6. 揉氣收功歸丹田

接上勢。兩手心勞宮相對，在臍腹前與眼神心意一起輕緩柔和地交替平圓揉氣，似揉氣球，邊揉邊將氣揉進收入丹田，似揉丹田，並暗暗將丹田、命門、兩腎揉合一

圖 290

圖 291

圖 292

圖 293

起，逐漸使精、氣、神混元一體，同時帶動左右兩腎抽換揉動、腰腹帶脈渾圓揉活，兩腿隨之順逆互纏。一左一右為一次，共揉 6～9 次。（圖 292、圖 293）

圖 294　　　　　　　　圖 295

7. 左右陰陽調中和

接上勢。按《放鬆功》的「左右陰陽」法來放鬆身心，調理中和。先心想肢體右側放鬆，意即引氣順右臂腿的肩胯、肘膝、手足之竅上下相隨地節節向下緩緩降氣放鬆，至右手指梢和右腳湧泉踏實為陰；此時左臂、腿為虛為陽。氣降到不能再降，意氣徐徐升起，再心想肢體左側放鬆，意即引氣順左臂腿的肩胯、肘膝、手足之竅上下相隨地節節向下緩緩降氣放鬆，至左手指梢和左腳湧泉踏實為陰；此時右臂、腿為虛為陽。氣降到不能再降，意氣徐徐升起，再換右側降氣放鬆，如此右陰左陽、左陰右陽換練4～6次。（圖294、圖295）

8. 動而復靜歸無極

最後，兩手放鬆臂鬆垂，三性歸一守丹田，一氣中立

不偏倚，身心放鬆漸入靜，無
形無象無物我，復返虛無歸無
極。（圖 296）

【練法要點】

　　本式是四十六炮結束式，
由金剛搗碓、降氣收功、採氣
收功、揉氣收功、左右陰陽和
靜歸無極六部分組成，體現了
混元太極拳「練拳須從無極
始，動而復靜歸無極」和「練
拳原是練氣功，練而不收枉費
功」的重要練法思想。

圖 296

　　本式金剛捶是繞丹田中心橫向軸的順時針縱立圈運動
和以丹田為中心的開合運動。勾拳上掤時要由中而掤，沉
氣到腳，上下對稱，中正不偏。往回鬆引時要鬆氣回中，
氣回丹田，前後對稱，中正不倚。輪轉立圈時要由中而
轉，旋腰轉腎，圓滿圓活，彈性放長，不揚肩、不抬肘、
不搖晃。獨立開勁時要由中而開，均衡對稱，中定沉穩，
不歪不斜。搗捶落腳時要沉氣合中，鬆氣落腳，坐胯圓
襠，前後相當，周身相合。

　　本式金剛捶與前兩式金剛搗碓略有不同，前兩式既可
鬆震腳亦可不震腳，本式不震腳，右腿鬆氣鬆落即可。

　　降氣收功是身心鬆靜的意與兩手繞丹田中心縱向軸的
橫立圈上下開合運動，同樣要由中開合升降，左右、上下
與前後同樣要中正對稱渾圓。兩手上升時要注意沉肩墜
肘，上虛下實，重心不升起。

　　採氣收功是身心鬆靜的意與兩手繞丹田中心垂直軸的水平圈前後開合運動，同樣要由中開合收放，左右、前後同樣要中正對稱渾圓，上虛下實，中定沉穩。注意兩手前伸時身不前傾，回收時身不後仰。

　　揉氣收功是身心鬆靜的意與兩手繞丹田中心垂直軸的向心力平圓揉轉運動，揉手揉球揉腰身，揉中轉，轉中圓，圓中活，活中沉，上虛下實，中正穩定。注意上身不搖晃。

　　左右陰陽是身心鬆靜的以丹田為中心的由意氣與身、腰、臂、腿左右放鬆來調濟陰陽虛實、調理陰陽中和的運動。意氣、手足、腰腎實者為陰，虛者為陽。隨意氣左右鬆降，兩臂左右鬆伸，兩腿左右鬆沉，虛實左右鬆換，陰陽左右鬆變，身腰似不倒翁一般擇中左右搖擺不偏倚而達放鬆之目的。臂三節似乾三連，節節鬆開，一氣貫通；腿三節似坤六斷，節節鬆沉，氣沉足底。要坐臀坐胯坐丹田，左右對稱，虛實分清，陰陽各半，中正不偏，恰到好處。注意上身不搖晃。

　　靜歸無極是動而復靜，一氣中伏，返還先天虛無的無極狀態；陰陽混合，一氣運轉，復還當年混元太極之本相。太極一氣，自虛無中來，在虛無中結就，所以練太極要始於無極，全太極要還於無極；陰陽動靜，總在一氣，一氣總不外乎虛無，所以要靜求無極生太極，鬆靜虛無歸無極。這就是混元太極的理氣之道。因此每次練拳行功結束，包括每一遍拳功結束，都要動而復靜，身心入靜，靜歸無極，返還虛無，靜站片刻，時間自定。

　　降氣收功、採氣收功、揉氣收功、左右陰陽和靜歸無

極這五步操作構成了收功步驟和操作事項，是拳架套路的重要組成部分和結束收勢的最後一項操作，稱之為收功操作法。這種練法從措施上保證了練拳結束要收功、動而復靜歸無極的拳功合一練法和功效作用。所以，拳套練完不要急於結束，要心靜用意地依法操作，並養成習慣，成為一種操作模式。

【行氣要點】

本式金剛捶的行氣要點與前兩式金剛搗碓既有相同點又有不同點。勾拳上掤同樣是右手用意抓閉聚氣勾拳上掤，同時引氣由會陰下丹田上行至上丹田；再往回鬆氣鬆引時，氣由上丹田下降收回丹田氣竅。

輪轉立圈同樣是氣如車輪兩次沿任督兩脈後上前下的陰陽循環轉周天，並運氣通臂形成周身一家混元氣圈。不同的是要斂神收氣向心力轉圈轉氣，即轉一圈收回丹田氣竅，再轉一圈收回丹田氣竅。提腿落腳金剛捶的行氣也略有不同，其中，提拳提腿獨立是氣由下丹田一直向上提至上丹田和右拳背，同時提肛提尾閭提右腿，氣沉左腳湧泉；搗捶落腳是氣由上丹田下降至下丹田，同時鬆氣搗捶由右臂通至右拳心，鬆氣落腳，由右胯下通至右腳湧泉，再返回中丹田，三丹合一，陰陽混合，周身合勁。

這種行氣法叫「坎離顛倒，抽坎補離」，下丹田為坎屬水，上丹田為離屬火，即以坎中之滿補離中之虛，以坎中之水補離中之火。

降氣收功是由眼神心意和兩手分三次將練拳行功中散發於體內外之氣從頭頂囟門下降順任脈收歸中丹田，並由上丹田通過舌貼上腭的接通作用，經體內降至中丹田，又

可避免氣滯於頭部。兩手上升時，氣自然循體後督脈和兩側沖脈上行，這叫精氣自然上升，神氣有意下降；督升任降，乾健坤順。同時口中津液分三次隨同意氣一起下嚥降至丹田內，即氣、水、火一同降至丹田之土，按陰陽五行來說丹田是中央戊己土，如同陽光、空氣、雨露潤澤田地一般，以滋養丹田真種子即先天混元一氣。

練拳行功中的口中生津稱瓊漿玉液，是生命之水，謂千口活水一條命；是生氣之水，謂液自心中降，氣從水中生。練拳畢，包括練拳中用意將津液隨氣送入丹田，不僅有壯陽補氣和祛病養生的功能，還可加強胃腸的消化能力。既然練拳行功時口中津液能大量分泌，那麼精、膽、胰、胃、腸等分泌液也會增加，從而有益身體健康。

練拳行功是否得法有功效，除了氣充盈、勁充足、心靜定、神清爽、腦輕鬆、身輕靈、體舒泰外，口生津是一個重要標誌，即口中生津，津液滿口。若口乾舌燥津涸，就要找一下原因，若不是練法有問題，就可能是健康有問題。另外，混元太極的降氣收功法既是收功法，也是坎離相交的陰陽互濟之法，即通過督升任降，以坎中真陽濟離中真陰，以離中真陰濟坎中真陽。

採氣收功是由眼神心意和兩手分三次將練拳行功中散發於體內外之氣及天地混元氣一起採回來收歸臍內中丹田，同時氣出命門，沿帶脈從兩側分行向前到肚臍神闕合而進入中丹田，先天氣、後天氣、坎中水、離中火，互濟互交，以實其腹，充養先天混元一氣。所以，混元太極的採氣收功法既是收功法也是坎離相交的水火既濟之法，即以坎中真水濟離中真火，以離中真火濟坎中真水。

　　揉氣收功是將降氣收功和採氣收功收回丹田的先天氣、後天氣、真陰陽、真水火以及元精、元氣、元神糅和一起，混合、混融、混化、混元而返其真，還其圓，復其全，伏氣伏食，攢時凝結。因此，混元太極的揉氣收功法既是收功法也是坎離相交的性命凝結之法，即以坎中真命結離中真性，以離中真性結坎中真命。

　　左右陰陽既是鬆氣鬆身之法，也是調中理氣之法；既是降濁升清之法，也是調和水火之法；既是卯酉沐浴之法，也是調濟陰陽之法。熄心火，降濁氣；生陽氣，退陰氣；化陰氣，保陽氣；陽氣足而陰氣自退，陰氣消而陽氣自固。進陽退陰，去濁留清，沐浴溫養，保全原本。

　　靜歸無極就是三性歸一守丹田，陰陽混合致虛靜，復返先天虛無境，靜養先天混元氣。攢年攢月攢日攢時，運動天然真火，層層剝盡余陰，露出乾元面目，復還混元本相。

【用法要點】

　　金剛搗碓的右勾拳是掤法，與左合手配合是橫豎並用法，即右勾拳是向前的上掤豎勁、左合手是向右的纏拿橫勁。輪轉立圈是纏引拿發，先順勢往回鬆引，再沿後上弧線逆纏屈臂掤拿擎引彼身，隨即變順纏向前下立轉圈，利用旋轉離心反彈力將對方鬆放出去。獨立開勁是用右拳、左手的上下對開勁來擎引對方拿梢斷彼根；順纏搗捶是用合勁將對方鬆放出去，也可用劈砸勁將對方發出去；亦可與左手配合砸擊對方來拳之脈門。

　　降氣收功、採氣收功、揉氣收功、左右陰陽都寓內外兩用法，這是混元太極拳的練法特點和功效作用。如同拳

中每一式、每一動都是練拳練功練用一樣，從起勢到收功，從定勢到動勢，都是拳功用三法合一的既練拳功又練用，即內外雙修，內外兩用。

降氣收功的內用為收氣歸丹，外用為按法。如對方兩手推我胸腹，我兩手順勢向下按撫己胸也就是按對方手梢節，令其傾跌；或對方兩手推我兩臂，我兩手臂先順纏分開化開彼勁，再向前上方掤擎彼身斷彼根，隨即逆纏合手屈臂纏拿向下按，令其傾跌。

採氣收功的內用為採氣歸丹，外用為将法。如對方兩手推我兩臂，我兩手臂先順纏分開化開彼勁，再向前伸引引動彼根或引出對方反作用力，隨即順勢收手往回将對方。

揉氣收功的內用為揉氣混元，外用為左顧右盼折疊橫将勁。如我兩手臂接對方兩手，先聽對方直勁前推之勢，左（右）手向右（左）轉揉，以橫勁化引彼勁拿彼根，右（左）手順勢折疊向左（右）轉揉，以橫勁將對方發放出去。

左右陰陽的內用為調理中和，外用為虛實化引。如對方兩手推我兩臂，一聽知對方兩手輕重虛實，即順勢向下鬆沉化引，若對方右手重，我之左手則指領氣領臂領左腿坐胯下沉向左下鬆，即向下改變來力方向而化引彼勁；若對方左手實，我之右手指則領氣領臂領右腿坐胯下沉向右下鬆，向下改變來力方向而化引彼勁。

國家圖書館出版品預行編目資料

混元太極炮捶／馮志強　編著
——初版，——臺北市，大展，2009〔民98.10〕
面；21公分 ——（武術特輯；115）
ISBN　978-957-468-708-4（平裝）

1.太極拳

528.972　　　　　　　　　　　　　　　　98014219

混元太極炮捶四十六式

編　　著／馮志強

責任編輯／張建林

發行人／蔡森明

出版者／大展出版社有限公司

社　　址／台北市北投區（石牌）致遠一路2段12巷1號

電　　話／（02）28236031・28236033・28233123

傳　　眞／（02）28272069

郵政劃撥／01669551

網　　址／www.dah-jaan.com.tw

E-mail／service@dah-jaan.com.tw

登記證／局版臺業字第2171號

承印者／傳興印刷有限公司

裝　　訂／建鑫裝訂有限公司

排版者／弘益電腦排版有限公司

授權者／北京人民體育出版社

初版1刷／2009年（民98年）10月

定　　價／280元

大展好書　好書大展
品嘗好書　冠群可期